経営者・地主・給与所得者…
被相続人のタイプ別にわかる！

相続税の税務調査 Q&A

税理士法人 中央総研 著

税務経理協会

はしがき

　資産税に係る税務調査が注目されています。資産税のなかでも相続税の税務調査では，高い確率で申告漏れを指摘されますので，その分，調査の頻度も高くなっています。相続税の調査は，申告財産の評価の煩雑さに加え，申告期限が10ヶ月後と長く，その申告期限から早くて1年以後に高い確率で税務調査の知らせが入ります。

　国税庁のデータから見ると，相続税の課税割合は高い年度で昭和62年7.9％・平成3年6.8％・平成5年6.0％となっています。この割合は平成7年以来下降し続け，平成23年度では4.1％まで下降しています。しかし，税制改正による基礎控除額の引下げと税率アップが相続税の課税割合（年間課税件数/年間死亡者数）の増加につながると予測されます。すなわち，増税の時代に入ってきたといえるわけですが，相続税の申告業務は，相続人間の財産分けでもめるケースがあり人間関係の難しさもあります。

　そこで本書は，相続税申告に係る税務調査の立会件数が比較的少ない税理士先生を対象に執筆しました。特に，第4章では，被相続人のタイプ別の税務調査事例に重点をおき執筆しています。さらに，贈与・譲渡のケースも取り上げています。

　私ども税理士法人中央総研は，数多くの相続税申告を手掛けており，かなり高い確率で相続税申告の是認を受けています。これは，税務調査はどのように行われ，事前準備はどのようにしておくべきか，日常業務（資産家等に対する提案業務等）においてどのような点に留意しておけばよいかなど法律や通達を踏まえて対応しているためではないかと思います。

　本書が，会計事務所の税理士先生や職員の皆さんをはじめ資産税の税務調査に対応する方々の事前準備や調査当日の対応などのお役に立つことができれば，幸甚の至りです。

平成25年4月1日

税理士法人　中央総研

執筆者代表　笹谷　俊道

目次
CONTENTS

はじめに

第1章　最近の資産課税の税務調査

1 税務調査の観点 …………………………………………………………… 2
- **Q1** 国の借金と資産税の調査 ………………………………………… 2
- **Q2** 相続税の申告漏れ財産 …………………………………………… 4
- **Q3** 国税局と税務署における調査担当部署 ……………………… 6

2 税務調査官の権限と調査の内容 ………………………………………… 7
- **Q4** 任意調査の権限―質問検査権 ………………………………… 7
- **Q5** 税務調査の事前準備 …………………………………………… 10
- **Q6** 相続税の調査の流れ …………………………………………… 12
- **Q7** 税務調査当日の流れ …………………………………………… 13
- **Q8** 相続税の実地調査の事実確認 ………………………………… 14

3 強制調査（査察）はどのような場合に行われるのか ………………… 15
- **Q9** 強制調査の内容 ………………………………………………… 15

4 強制調査に対する納税者の権利の救済 ……………………………… 17
- **Q10** 納税者の権利の救済 …………………………………………… 17

第2章　納税者が調査対象に選定される基準

1 納税者の分類・管理方法 ……………………………………………… 22

- Q11 実地調査の割合 …………………………………………… 22
- Q12 KSKシステムによる分類・管理 ……………………… 23
- 2 調査対象はどのように選定・絞り込みされているのか ……… 27
  - Q13 税務調査対象者の選定と原則 ………………………… 27
  - Q14 大口資産家の管理 ……………………………………… 29
- 3 重点調査項目の選定 ……………………………………………… 30
  - Q15 KSKシステムによるリストアップ ………………… 30
  - Q16 重点調査項目の現金・預貯金 ………………………… 33
  - Q17 税制改正で創設された調書 …………………………… 34

第3章 相続税の実地調査

- 1 相続税の実地調査の概要 ………………………………………… 38
  - Q18 相続税の実地調査 ……………………………………… 38
- 2 税務調査の事前通知 ……………………………………………… 40
  - Q19 事前通知の方法 ………………………………………… 40
- 3 税務調査当日のヒアリング ……………………………………… 41
  - Q20 ヒアリングの方法 ……………………………………… 41
- 4 調査対象となる情報・資料の収集 ……………………………… 44
  - Q21 情報・資料の収集の方法 ……………………………… 44
- 5 証拠書類から税務調査官が抽出する「不審点」 ……………… 47
  - Q22 「不審点」の抽出 ……………………………………… 47
- 6 反面調査はどのように行われるのか …………………………… 49
  - Q23 反面調査の方法 ………………………………………… 49

第4章　被相続人のタイプ別　税務調査事例

1　上場会社のオーナー経営者 ……………………………………………… 52
- Q24　家族名義の金融資産と美術品等 …………………………………… 52
- Q25　自社株評価（純資産価額） ………………………………………… 61
- Q26　上場株式と持株会社株式 …………………………………………… 67
- Q27　持株会社 ……………………………………………………………… 75

2　中小企業のオーナー経営者 ……………………………………………… 82
- Q28　自社株と名義株 ……………………………………………………… 82
- Q29　貸付金債権 …………………………………………………………… 90
- Q30　不表現資産と関係会社債権債務 …………………………………… 95
- Q31　生前贈与・売買 ……………………………………………………… 107

3　不動産所有の地主 ………………………………………………………… 113
- Q32　貸地評価と未収家賃等，名義貸し ………………………………… 113
- Q33　二世帯住宅などを有していた場合 ………………………………… 122
- Q34　貸家建付地の評価 …………………………………………………… 128

4　サラリーマン ……………………………………………………………… 135
- Q35　老人ホーム入所や生命保険 ………………………………………… 135
- Q36　サラリーマンの小規模宅地 ………………………………………… 142
- Q37　広大地及び不動産鑑定により評価した土地 ……………………… 151

5　海外資産 …………………………………………………………………… 159
- Q38　海外の金融資産や海外未上場株式 ………………………………… 159
- Q39　海外資産 ……………………………………………………………… 168

第5章　贈与税・譲渡所得に係る留意点

1. 贈与税の調査 ……………………………………………………… 178
   - Q40 相続税調査の際に行われる贈与税の税務調査 …………… 178
2. 相続時精算課税制度 ……………………………………………… 185
   - Q41 相続時精算課税贈与をした後の相続税の税務調査 ……… 185
3. 贈与税の配偶者控除 ……………………………………………… 190
   - Q42 贈与税の配偶者控除の適用 ………………………………… 190
4. 総合課税・分離課税の譲渡所得と相続財産 …………………… 193
   - Q43 小規模宅地の特例と自宅の売却，買い換えた土地を譲渡する場合 ……………………………………………………………… 193
5. 代償分割の場合，相続税の修正申告があった場合 …………… 199
   - Q44 代償分割の場合，相続税の修正申告があった場合の取得費加算 ……………………………………………………………… 199
   - Q45 相続財産である非上場株式をその発行非上場会社へ譲渡した場合 ……………………………………………………………… 204

第6章　更正や更正の請求及び修正申告

1. 更正の請求と更正の違い ………………………………………… 212
   - Q46 更正の請求と更正との違い ………………………………… 212
2. 期限後申告と修正申告 …………………………………………… 215
   - Q47 期限後申告の特則 …………………………………………… 215
   - Q48 修正申告の特則 ……………………………………………… 217

3 　税務調査に対する権利の救済 …………………………………… 219
　Q49 相続税の更正の処分に不服がある場合 ………………………… 219
4 　加算税や延滞税などはどのように課税されるのか …………… 221
　Q40 加算税や延滞税などの附帯税 …………………………………… 221

第1章

最近の資産課税の税務調査

1　税務調査の観点

Q1　国の借金と資産税の調査

資産税の調査は，国の税収が不足しているといわれている中で，どのような影響を受けているのでしょうか？

A

1　国の財政状態

❶　国と地方の借金と名目 GDP

この 20 年間で，名目 GDP は約 500 兆円で横ばいですが，国の借金は 4 倍を超えています。現在，地方の借金が約 200 兆円ありますので，国と地方の借金を合計すると 1,000 兆円をすでに超えています。

したがって，名目 GDP に対する借金（国と地方の合計）の比率は，すでに 200 ％を超えていることになります。

❷　財政再建の必要性

今，日本は「失われた 20 年」といわれ，超低成長の時代であります。

税収不足が深刻になってきており，最近は，年間税収額より新規国債の発行額のほうが多い状態です。ということは，税収額と新規国債の発行額が逆転してしまいました。一般の法人でいえば，年間売上高よりも年間の新規借入金のほうが多くなっていることと同じです。家庭でも同様で，年間の給与収入よりも，年間の新規借入金のほうが多くては，生計のやり繰りはできない状態です。

したがって，財政再建の必要性が論議されています。そのため，深刻な税収不足ですから，自ずと調査をすれば税収増となる相続税等の厳しい税務調査を行うことになります。ですから，私たちは税務調査に正しく対応できる知識が必要となります。

❸ 一般会計税収・歳出の推移

　一般会計の税収は25年前の水準に落ち込んでいますが，歳出は25年前の170％を越える水準まで膨れ上がっています。

　一般会計の税収は，現在，約42兆円ですが，これは25年前の水準です。税収のピーク時の3分の2に落ち込んでいます。

２ 資産税調査の強化

　国の一般会計収入は年間約90兆円。そのうち約42兆円が租税と印紙収入となっています。この42兆円のうち，税関からの税収分と日本郵政株式会社からの収入印紙分を除くと，国税の税収分は約37兆円となっています。

　また，所得税，法人税，消費税で税収分の約8割を占めています。相続税は1.4兆円で約3.4％となっています。

　相続税の改正に増税案が盛り込まれています。亡くなった方のうち相続税がかかる割合（課税割合）については，平均4.2％の全国平均が15年前の当時の5.5％から減少しているため，この割合をアップさせる目標数値が設定されており，6％になるように改正が設定されています。

　相続税は，被相続人の財産に対して課税されます。相続税の調査は，平成24年11月に国税庁から発表された「平成23事務年度（平成23年7月から平成24年6月までの間）」によると，実地調査の件数は13,787件（前事務年度13,668件），このうち申告漏れ等の非違があった件数は11,159件（前事務年度11,276件）で，非違割合80.9％（前事務年度82.5％）となっています。

　申告漏れの課税価格は3,993億円（前事務年度3,994億円）で，実地調査の1件当たりでは2,896万円（前事務年度2,922万円）となっており，加算税を含む追徴税額は757億円（前事務年度797億円）で，1件当たりでは549万円（前事務年度583万円）となっています。

　相続税の税務調査は，高い確率で申告漏れを指摘できるため，高い頻度で調査が行われます。相続税の申告者の約30％に調査が入り，税金を追徴されたのが約80％と高い確率です。

Q2 相続税の申告漏れ財産

相続税の申告漏れの財産はどのようなものがあるのですか？申告するにあたり，どのようなことに注意しておけばよいでしょうか？

A

1 申告漏れ財産

　国税庁が公表した平成23事務年度（平成23年7月から平成24年6月までの間）に実施された実地調査では，調査した件数13,787件のうち申告漏れを把握した件数は11,159件で，非違割合は80.9％となっています。
　また，申告漏れ財産の種類別の内訳は以下の表のとおりです。

種類	土地	家屋	有価証券	現金・預貯金等	その他	計
構成比	16.0％	1.9％	16.0％	36.2％	29.8％	100％

　この表から見ると，申告除外されている大半の財産は金融資産である有価証券・現金・預貯金等で約50％強を占めていることがわかります。
　相続税の調査では，調査をした約8割に申告漏れがあります。つまり，調査をすれば何らかの申告されていない財産を見つけることができます。調査では不表現資産(注)や申告書に記載されていない財産を見つけに来ます。被相続人の財産は，生前に家族に引き継がれていることが多く，調査の事前準備として相続人の財産はチェックされているということがいえます。

　（注）　土地や建物などその所有関係が明らかな資産は表現資産と呼ばれ，現金，預金，有価証券，公社債等のように明らかとはいえない資産は不表現資産と呼ばれています。

2 申告時の注意点

　生前の所得状況から推測して、金融資産が少ない申告書は注意を要します。金融資産は申告財産から除外されることが多いためです。相続税の調査では、金融機関で3年分の預貯金の状況を照合して、預貯金の増減額や残高、家族間の資金移動を調査してくるため、大きな金額が動いている場合は、チェックをすることが大切です。

　土地については、路線価の評価額と時価がかけ離れている場合、3億円以上の申告財産の相続人の申告書、法定調書などの突合により申告漏れがある場合に、調査の対象に選定されます。

　平成25年度税制改正により、遺産に係る基礎控除額が従来の60％に引き下げられ、また税率構造の見直しが行われました。これらの改正は平成27年1月1日以後の相続又は遺贈について適用され増税となります。

Q3 国税局と税務署における調査担当部署

相続税の調査の連絡が来ました。調査をする部署は国税局と税務署ではどのような違いがあるのでしょうか？

A

税務に関する執行機関は，国税庁，国税局，税務署の組織で成っています。

国税庁は，税務行政の執行に関する企画・立案を行い，国税局と税務署の事務を指導・監督しています。

国税局は，国税庁の指導・監督を受け，全国に 12 の国税局（沖縄国税事務所を含む）があります。各国税局の管轄区内の税務署の指導・監督や，大規模納税者等についての調査を行っています。

国内に 524 ある税務署は，国税庁や国税局の指導・監督のもとに，国税の賦課徴収を行う第一線の執行機関で，納税者とは密接なつながりのある行政機関です。

相続税の税務調査は，国税局では資料調査課，税務署においては資産課税部門が行っています。

税務署の資産課税部門は，相続税・贈与税・譲渡所得税等を担当しています。3月に確定申告の時期が終わると，提出された申告書のうち，譲渡所得税の確認の調査をします。譲渡所得税の調査は 6 月頃をめどに終了し，7 月の人事異動が終わると相続税の調査となります。

2　税務調査官の権限と調査の内容

Q4　任意調査の権限―質問検査権

税務調査には，任意調査と強制調査がありますが，任意調査とはどのような調査でしょうか？　任意調査の権限としての質問検査権とはどのような権限なのでしょうか？　また，税務署ではどうして死亡したことがわかるのですか？

A

1　申告納税制度と任意調査

「国民は，法律の定めるところにより，納税の義務を負う」と憲法第30条に示されています。そのため，納税者が自ら税務署へ所得の申告を行い納税をするという申告納税制度を採用しています。したがって，納税者は自ら正しい申告と納税を行っています。納税者の申告を確認し，正しい申告に導くために，税務調査が行われます。

税務調査は，提出された申告書が税法に照らし合わせて正しく行われているかを国税局・税務署が実地調査をして確認する行為のことです。相続税の税務調査は，国税通則法第74条の3に規定されている質問検査権に基づき行われる任意調査が大半を占めます。

税務調査というと，強制調査（マル査）をイメージされる人が多いと思いますが，通常の税務調査は，納税者から提出された申告書を確認するために行われ，納税者の同意を基にして協力を求めて行う任意調査です。

任意調査であっても，国税通則法第127条では，質問検査権による検査を拒み，妨げる場合には罰則規定が設けられています。

2 質問検査権

　国税通則法第74条の3には，国税庁等の当該職員は，相続税若しくは贈与税に関する調査若しくは相続税若しくは贈与税の徴収に関する調査について必要があるときは，調査又は徴収の区分に応じ，次に定める者に質問し，①に掲げる者の財産若しくは当該財産に関する帳簿書類その他の物件を検査し，又は当該物件の提示若しくは提出を求めることができると規定されています。

①	納税義務者又は納税義務があると認められる者
②	相続税法第59条の規定による調書を提出した者又はその調書を提出する義務があると認められる者
③	納税義務者又は納税義務があると認められる者に対し，債権若しくは債務を有していたと認められる者又は債権又は債務を有すると認められる者
④	納税義務者又は納税義務があると認められる者が株主若しくは出資者であったと認められる法人又は株主若しくは出資者であると認められる法人
⑤	納税義務者又は納税義務があると認められる者に対し，財産を譲渡したと認められる者又は財産を譲渡する義務があると認められる者
⑥	納税義務者又は納税義務があると認められる者から財産を譲り受けたと認められる者又は財産を譲り受ける権利があると認められる者
⑦	納税義務者又は納税義務があると認められる者の財産を保管したと認められる者又はその財産を保管すると認められる者

　なお，必要があるときは，公証人の作成した公正証書の原本の関する部分の閲覧を求め，その内容について公証人に質問することができます。

　また，国税通則法第74条の12では，官公署・政府関係機関に調査への協力要請をすることが認められています。

3 相続の通知

　肉親が死亡した時や失踪した時に市役所等の窓口に届出をします。その届出を受理した市区町村長や戸籍に関する事務を行っている者は，その届出に記載されている事項を，受理した日の属する月の翌月末までにその事務所の所在地の所轄税務署に通知します（相法58①）。

　また保険会社や，退職手当金等の支給者や信託を受託された者は，その月中

に支払った一定額以上の生命保険金や損害保険金や死亡保険金,退職手当金等があるときは,その調書を翌月15日までに,その調書を作成した営業所等の所在地の所轄税務署長に提出します。

　所轄税務署は,これらの情報や所得税の確定申告を継続管理しており,不動産所得・配当所得・利子所得などから申告状況を調査し,資産や財産の蓄積状況を把握し,相続税の課税対象者を選定していきます。

Q5 税務調査の事前準備

相続税の調査に伺いたいと税務署から連絡がありました。調査に来る前に税務署サイドではどのような事前準備をしてくるのでしょうか？

1 事前準備

　税務調査には，税務調査官が調査対象者の提出した申告書等を机上で検討する準備調査，調査官が調査対象者の自宅に出向いて行う実地調査，実地調査のうち予告しないで行う抜き打ち調査の現況調査，納税者の申告内容を確認するために銀行や証券会社などの金融機関等に対する反面調査があります。

2 準備調査

　相続税の調査では，申告後1年から3年後に実地調査が行われるのが一般的です。

　効率よく調査を進めるための準備調査では，実地調査の調査対象者の選定後，税務上の問題点を抽出するために行われます。

　準備調査約7割，実地調査約3割といわれるように相続税の調査は準備調査を充分にして実地調査に臨んでくることが多いようです。

　税務署が準備調査において調査する主な資料は，下記のとおりです。

① 被相続人及び家族の所得税の申告書
② 被相続人及び家族の贈与税の申告書
③ 同族会社の法人税の申告書
④ 所得税の申告書に添付される財産債務の明細書
⑤ 法定調書
⑥ 金融機関から取り寄せた取引記録
⑦ 不動産の名寄帳

以上の資料等から，相続人の資産形成状況を検討し，予測される資産が申告書に計上されているかどうかを検討して調査に臨んできます。

Q6 相続税の調査の流れ

相続税は，他の税金に比べて税務調査されるウエートが高いと聞きましたが，相続税の税務調査はどのような流れで行われるのですか？

A

① 市区町村長から所轄税務署長に被相続人の死亡を通知

↓

② 所轄税務署では，個人の所得税の申告書や財産債務の明細などの資料収集，不動産の固定資産台帳や，被相続人の所得から財産のある被相続人を選定して，相続税の申告案内を発送

↓

③ 相続税の申告書を受理

↓

④ 申告書の申告内容を審理

　　申告書の審理期間は約6ヶ月，被相続人や相続人等の資産内容を金融機関や証券会社，保険会社等で調査

↓

⑤ 税務調査対象者を選定

↓

⑥ 税務調査の実施

　　電話での調査の連絡があり，自宅に訪問・聞き取り（ヒアリング）

↓

⑦ 調査終了

　　・是認…申告内容に誤りがない場合
　　・修正…申告漏れを指摘，自ら修正申告をする場合
　　・更正…税務署が税金を確定させる

Q7 税務調査当日の流れ

相続税の税務調査の連絡が入りました。調査当日の流れを教えてください。

A

　税務調査当日は，通常午前10時頃から始まり，午後4時過ぎに終了します。調査期間は1～2日が一般的ですが，事案によっては3～5日に及ぶ例もあります。

　調査は通常2人の税務調査官が相続人の家に訪問します。午前中はヒアリングを行い，午後は預金通帳や契約書・権利証等の書類確認・現物確認を行います。

　午前のヒアリングでは，被相続人の仕事・性格・趣味・家族構成・病死であれば病気の状況や入院歴，亡くなる前に意識があったかどうかの確認をします。生活費をどのように出していたか，財産の管理が誰だったか，貸金庫はあったか，贈与はどうか等も確認します。これらのヒアリングでは，事前に調べた内容と相違がないかどうかの確認や，納税意識があるかどうか，などを確認します。

　午後の調査では，午前中のヒアリングの内容の確認もします。被相続人が生前に財産を保管していた場所の確認，金庫の確認など現物確認をします。また，被相続人からの贈与についての確認，家にある印鑑の印影の取得，家族名義の通帳の確認，土地の測量図や権利証の確認などの現物確認をします。

　すぐに結論は出ませんが，税務調査を終えた後日，問題点の相互での確認と調整，税金を納める場合には，修正申告，また，還付があれば更正の請求をします（詳細は第3章を参照してください）。

Q8 相続税の実地調査の事実確認

税務調査の実地調査では事実確認が重要なことだといわれているようですが，なぜ事実確認が重要なのですか？

A

　ほとんどの被相続人は，生前に資産の管理を綿密に記帳していません。被相続人はすでに死亡しているため，本人から確認することもできません。そのため，事前調査で調べた預金通帳の動きや証券会社などの資金移動などの内容と事実を確認することによって資産形成がどのようにされていたのかなど状況を把握する必要があることから，事実確認が重要となります。

　たとえば，金の延べ棒を購入した形跡があっても，相続人がその存在を知らず，どこにあるのかわからない場合があります。

　金の延べ棒の実在がわからないと，推定で不表現財産であるとして相続財産に含めることができません。そのため金の延べ棒が存在するという現物確認が重要となります。

3 強制調査（査察）はどのような場合に行われるのか

Q9 強制調査の内容

税務調査には，任意調査と強制調査があると聞きましたが，強制調査とはどのような調査ですか？　また，強制調査ではどれぐらいの案件が告発されるのですか？

A

1 裁判所の捜査令状による強制調査

　任意調査であっても，相続税法第70条に質問検査権による検査を拒んだ場合には罰則がありますが，任意調査とは別に，捜査令状により行われる調査が強制調査です。

　悪質脱税容疑者に対して，裁判所が捜査令状を発行し，国税局の査察部が，強制的に証拠物件，帳簿，書類等を検査し又はこれらの者において任意に提出したものを留置することができ，必要なときにはその所轄官署の所在地を管轄する地方裁判所又は簡易裁判所の裁判官を得て臨検，捜査，差押により，不正な手段を使って故意に税を免れた悪質な犯則嫌疑者若しくは参考人に対して行われる税務調査をいいます。

　この執行にあたっては，各国税局に配置されている国税査察官が担当することになっています。

2 強制調査で行われる臨検，捜査，差押

　国税犯則取締法の規定による強制調査の種類は，臨検，捜査，差押です。

❶ 臨検とは

犯則や違反調査のため，強制的に検査を行うことをいいます。

調査が必要と思われる全ての場所が一斉に調査されます。当然ながら事前通知はありません。

❷ 捜査とは
　脱税容疑者の家宅捜査では，自宅や関連する事務所などで，証拠を見つけるため調査します。映画やドラマにも出てくる，裁判官が発行した差押対象となる物件も細かく記載された捜索令状を提示され強制的に調べられます。「マルサ」や「ガサ入れ」と呼ばれています。捜査にあたって必要な場合は，その場の立ち入りを禁止されることがあります。

❸ 差押とは
　強制調査の着手によって発見された書類等は差押されます。差押された物件については，差押目録が作成され，その後の綿密な調査によって，真実の所得の計算とその存在を立証するための証拠とされます。

３ 国税犯則事件の告発件数
　国税犯則事件の告発件数は年間150件前後で，1件当たり脱税額は1億5,000万円程度となっています。税目別の告発件数は，法人税が最も多く，所得税，消費税，相続税の順になっています。
　特に，最近の経済社会情勢の経済取引の広域化・国際化などにより，脱税の手法が複雑・巧妙化しており環境は複雑になっています。
　脱税の手口として，資産運用の多様化・国際化に伴う海外資産等の申告除外が目立っています。
　脱税により隠ぺいした財産は，居宅の床下収納庫に設置された金庫や海外の金融機関の預金，外部のトランクルームの保管段ボールなどに隠しているケースが公表されています。

4　強制調査に対する納税者の権利の救済

Q10 納税者の権利の救済

相続税の税務調査を受け，更正の処分を受けましたが，納得いきません。税務調査に対する納税者の「権利の救済」は，どのようなものがあるのでしょうか？

A

1　権利の救済

　課税処分や滞納処分を行った場合の国税に関する法律に基づく処分についての納税者の救済制度には，処分庁に対する異議申立て及び国税不服審判所長に対する審査請求という救済制度（不服申立制度）と，裁判所に対して訴訟を提起して処分の是正を求める司法上の救済制度があります。

　この不服申立ては，納税者からの異議申立てを適正かつ迅速にできるように救済する手続きで，この異議申立てに対する税務署長などの決定に不服がある納税者は，納税者の正当な権利利益の救済を図るために国税不服審判所長に対して，審査請求を行うことができます。

　さらに，審査請求に対する国税不服審判所長の裁決に不服があるときは，裁判所に対して訴訟を提起して司法による救済を求めることができます。

❶　異議申立て

　異議申立ては，税務署長などが更正・決定や差押などの処分を決定した場合に，その処分に不服がある納税者が，行政庁である税務署長などに対して，その処分の取消しや変更を求める手続きであり，国税に関する処分の行政訴訟の第一段階です。

❷ 審査請求

　異議申立てに対する税務署長などの決定に，なお不服がある納税者は，国税不服審判所長に対して，審査請求することができます。

　国税不服審判所は，審査請求人と税務署長などとの間に立つ公正な第三者的立場で，審査請求に対する裁決を行う機関です。

　審査請求の処理にあたっては，審査請求人や税務署長などと対応し，主張を充分に把握し，争点を整理し，明確にします。その上で双方から提出された証拠書類等の内容を充分に検討し，自ら調査を行って，納税者からの審査請求を適正かつ迅速に処理しています。

　この国税不服審判所長の裁決は，税務署長の行った処分よりも納税者に不利益になることはありません。また，裁決は行政部内での最終判断であるため，税務署長などは，仮にこれに不服があったとしても訴訟を提起することはできません。

❸ 訴訟

　納税者は，国税不服審判所長の裁決を経た後，なお不服があるときは，裁判所に対して司法による救済を求めることができます。

2 権利救済の状況

❶ 異議申立て

　異議申立てについては，原則3ヶ月以内にその処理を終えるように努められています。異議申立て処理件数は，1年度当たり約5,000件あり，このうち納税者の主張の全部又は一部が認められた割合は約10％程度です。

❷ 審査請求

　審査請求については，原則約1年以内に処理を終えるように努められています。審査請求処理案件は，1年度当たり約3,000件あり，このうち請求の全部又は一部が認められたのは約13％です。

❸ 訴訟

　訴訟については，終結件数は，1年度当たり約350件あり，納税者の請求の全部又は一部が認められた割合は約8％となっています。

第2章

納税者が調査対象に選定される基準

1 納税者の分類・管理方法

Q11 実地調査の割合

最近，相続税の調査を受けて，修正申告を行いました。相続税の調査を受ける割合はどれぐらいでしょうか。また，調査によって申告漏れが指摘される相続人はどれぐらいいるのでしょうか？

A

　国税庁が公表した平成23事務年度（平成23年7月から平成24年6月までの間）に実施された実地調査では，調査した件数13,787件のうち申告漏れを把握した件数は11,159件で，非違割合は80.9％となっています。

　相続税の申告をした被相続人の約3割が調査を受け，そのうちの約8割が追徴課税をされていることになります。

　平成22年中に亡くなった方は，国税庁の発表によると約120万人，相続税の課税対象になった方は約4.2％です。

　平成22年の国勢調査の年齢別人口から65歳以上の人口は平成17年から比べると13.9％増加し，総人口に占める割合は20.2％から23.0％に増加していることがわかります。今後ますます被相続人の数が増えていきます。

Q12 KSK システムによる分類・管理

税務調査の対象となる被相続人は，KSK システムというコンピュータによって管理されていると聞きましたが，本当でしょうか？
このシステムはどのようなシステムなのですか。また，実際にこのシステムによって調査対象者が選定されているのでしょうか？

A

1 KSK システムとは

KSK システムとは，全国の国税局と税務署をネットワークで結び，申告・納税の事績や各種の情報を入力することにより，一元的に管理するとともに，これらを分析して税務調査や滞納整理に活用し，地域や税目を越えた情報の一元的な管理により，税務行政の根幹となる各種事務処理の高度化・効率化を図るために導入したシステムです。

KSK システムとは，国税（K）総合（S）管理（K）システムの略語です。

税務調査の選定や分析が瞬時にして絞り込むことができ，また，所得税の申告書のデータや法人の申告との関連する取引，株主や代表者など一元管理されているので，あらゆる被相続人のデータを抽出することができます。

しかし，このシステムは税務調査の対象者を選定するために開発されたものではなく，税務に関する情報システムの一元管理をするために開発された総合システムです。

❶ KSK システム導入の背景

最近の取引の複雑・広域化，情報化の急速な進展など税務行政を取り巻く環境の大きな変化に対して高度なシステムを構築する必要性が認められるようになってきたため，KSK システムが開発され，平成 9 年 11 月から導入が始まり，平成 13 年からは，全国の国税局，税務署に導入が完了しました。

さらに，情報化と効率化の進展については，1人1台のパソコンの配備を進め，平成16年3月には税務署を含めた全職員にパソコンを配備し，国税庁WANの構築を完了しています。

❷　KSKシステムの概要
　申告法人件数は，過去35年間で1,400件から約2,800件へ倍増しています。これに対して税務当局の職員数は，35年間で54千人から56千人へとほぼ横ばいの状態です。そのため，人手不足により税務調査率が低下しています。
　このような状況に対処するため，KSKシステムは，全国の国税局（沖縄国税事務所を含む）と税務署をネットワークで結び，申告・納税の実績や各種の情報を入力することにより国税債権などを一元的に管理するとともに，これらを分析して税務調査や滞納整理に活用するなど地域や税目を越えた情報の一元的な管理により，税務行政の根幹となる各種事務処理の高度化・効率化を図るために導入されたコンピュータシステムです。
　このKSKシステムの業務システムの内容は，納税者情報管理，所得税・消費税，資産税，法人税・消費税，源泉所得税などの24の業務システムから構成されています。

2　KSKシステムの中の主なシステム
❶　納税者情報管理システム
　納税者管理システムは，KSKシステムの各業務システムにおいて管理対象となる納税者等に共通な情報（たとえば，住所（法人名），生年月日等）を過去の異動履歴を含め，全国・全業務横断的かつ一元管理するシステムです。

❷　所得税・消費税システム
　所得税及び個人消費税に関する，申請，届出，調査等の情報を一元的に管理するシステムです。個人の納税者に係る確定申告書の発送と受理及び申告内容のチェックを実施し，国税に関する債権債務を管理する債権管理システムへ申

告納税額等のデータの連絡を行うほか資料情報などを活用し，調査対象者の選定も行っています。

❸ 法人税・消費税システム

法人税及び消費税に係る申告，申請，届出，調査等の情報を一元的に管理するシステムです。法人の納税者に係る確定申告書の発送と受理及び申告内容のチェックを実施し，国税に関する債権債務を管理する債権管理システムへ法人税額等のデータ連絡を行うほか，資料情報などを活用した税務調査対象者の選定を行います。

❹ 資産税システム

譲渡所得，相続税及び贈与税に係る申告，申請，届出，調査等の情報を一元管理するシステムです。譲渡所得については，資料情報などを基に土地譲渡者に関する申告対象者の選定，申告審理支援，調査事績の管理等を行うほか，株式譲渡者に関して資料情報などを基に申告審理支援等を行います。相続税及び贈与税については，申告対象者の選定及び申告書の入力等を行います。そのため，資産税関連の税務調査対象者の選定に利用されています。

❺ 資料情報システム・調査システム

資料情報システムは，法定調書の提出義務者に係る法定調書合計表の発送と受理及び提出事績の管理を行うほか全国の国税局（沖縄国税事務所を含む）・税務署において収集した資料情報を住所，氏名（法人名）等により納税者ごとに名寄せして，税務調査事務を支援するシステムです。

調査システムは，大規模法人の申告，調査等の情報を一元的に管理し，資料情報などを活用した税務調査対象者の選定をします。

３ 調査対象者の選定までの流れ

① 相続税等の申告書や資料情報等から死亡した相続人の一族に相続等の申告

があるか
② 過去の調査実績等の分析により，過去に不正な申告はなかったか
③ 同業他社等の数値の比較等により好況業種に該当していないか
④ 法人税の申告書等からの分析より，高収益な法人のオーナー経営者や役員に該当するか
⑤ 資料箋や財産債務の明細・不動産情報等の資料により情報が得られるか
⑥ 関係法人の申告書等により関係法人等との取引はあるか

　このような流れを経ながら，調査対象者が選定されます。

2　調査対象はどのように選定・絞り込みされているのか

Q13　税務調査対象者の選定と原則

8月から9月にかけて相続税の税務調査が多いといわれています。税務調査の対象者の選定はどのように行われているのでしょうか？

A

1　調査対象の時期

　相続税の税務調査は，相続税の申告書を提出した年又はその翌年の秋頃に行われます。申告書の提出期限は死亡してから10ヶ月ですので，死亡してから2年から3年以内の間の調査になります。

　税務調査は，基本的には年間通して行われていますが，税務署の事務年度である7月を基準にして調査が行われます。すなわち，税務職員の異動時期のシーズンの7月を境にして，8月から税務調査が開始され，秋に税務調査のピークを迎え，12月の20日前後をめどに終わりになります。個人の確定申告の時期は，原則として税務調査は行われず，確定申告終了後に再び税務調査が開始され，6月頃まで調査が続き，税務職員の異動の時期の7月までに調査は完了となります。

2　調査対象者の選定

　相続税の申告書が提出されると，申告書を机上でチェックします。

　過去の所得税の申告書や財産債務の明細から提出されている資産が計上されているかどうか確認していきます。不動産に関しては市役所からの固定資産台帳や名寄せの取り寄せをしています。

　納税者の資産運用の国際化に対応し，相続税の適正な課税を実現するために，海外資産の把握にも努めており，相続人や被相続人の居住形態等から海外

資産の相続が想定される事案については，積極的に調査が実施されています。
　銀行の預金については，先に述べた質問検査権が税務署にはあるため，各銀行に照会を行います。このようにして税務署内外から提出された申告書が正しいかどうか確認していきます。そのように調査した中で，非表現資産が見つかると，調査対象に選定されます。調査時点では調査内容をあらかじめ把握してきていることになります。

Q14 大口資産家の管理

大口資産家の税務署マニュアルがあると聞きました。どのように大口資産家は管理されているのでしょうか？

A

大口資産家管理台帳

　大口資産家等の管理は，大口資産家の抽出基準に基づいて，国税庁が管理しているKSKシステムから情報を抽出し，税務署で大口資産家選定基準該当者名簿が作成されます。この名簿から大口の資産家が選定され，大口資産家管理簿が作成されます。

　大口資産家の選定は，所得税の申告書，申告書と一緒に提出する所得金額が2,000万円超の財産債務の明細書並びに所得の明細書，調査ファイル，相続税や贈与税，法人税の申告書，市町村の固定資産台帳や名寄せ，資産の移動資料などさまざまな資料から行われ，管理台帳に保管されます。

3　重点調査項目の選定

Q15　KSKシステムによるリストアップ

調査の対象となる相続人は，KSKシステムによりリストアップされるとのことですが本当でしょうか。また，どのような基準で選定され，亡くなってからどれぐらいで調査されるのでしょうか？

A

1　KSKシステム

　税務における年度は，通常年度（4月から翌年の3月まで）と異なり，7月から6月までの「事務年度」です。そのため，税務に関する統計もこの事務年度で計算されます。

　さらに，税務職員は，納税者との癒着を防ぐため，また，内部けん制のためにほぼ3年ごとに転勤があります。その辞令は毎年7月上旬に発表され7月中旬に転勤をします。

　したがって，税務署の転勤シーズンである7月は，税務調査は行われず，7月に調査対象者の選定が行われます。

　相続税の申告をした人全てに調査が入るわけではありません。申告した相続財産に関係なく，申告以前からの事前の調査で，ある程度の財産が見込まれると考えられる場合に調査対象者になります。税務調査の選定基準は公表されていませんが，情報公開法に基づく開示請求により開示される事務マニュアルがあります。

　オーナー経営者，大企業の役員，医師など課税総額が1億円以上あると考えられる場合に対象者となる可能性があります。

第2章　納税者が調査対象に選定される基準

❶　調査の開始時期

　税務署の資産課税部門では，土地等の売却に関する譲渡所得税と，相続税・贈与税を取り扱っています。3月に確定申告が終わり，提出された譲渡所得税の確認調査が始まり，7月頃をめどに調査を完了。異動時期の7月には新体制で，8月頃から相続税の調査が開始されます。

❷　調査対象者のリストアップ

　7月に人事異動が行われた後，譲渡所得税の申告所得の内容，過去数年分の確定申告書の内容，関係法人や関係個人の申告書，財産債務の明細書など，各部門共通のKSKシステムに入力されているデータにより，選定作業が行われます。

　このような事前調査の段階で，ほぼ70％以上が終了しているといわれています。

2 選定基準

　相続税の申告では，申告されたものが全て調査されるのではなく，申告した案件数の30％から40％が調査対象として選定されます。申告内容について特に不審な点がなければ実地調査は行われません。不審な点が浮かび上がっている場合に，その不審点を確認するために調査されます。

❶　死亡前の土地・株式等の売却代金が申告財産に含まれていないと見込まれる場合

　生前に土地等の売却をして多額の現金等が存在すると考えられるが，相続財産の預金額が少ない場合で，他の見合う相続財産の申告がない場合には，相続人に贈与されていたり，申告漏れとなっていると考えられるためです。

❷　毎年の所得税の申告書と比較して申告財産が少ない場合

　KSKシステムから毎年の確定申告の内容を確認し，その申告内容から形成

されている財産が，申告内容から見て少ないと考えられる場合などです。
　形成された財産が申告されていなかったり，他の相続人の財産になっていると考えられるためです。

❸　相続直前に預金通帳から多額の預金が引き出されていて，その金額の現金預金等が含まれていない場合

　死亡直前に遺族は葬式費用，当座の資金の支払いのため銀行から預金を引き出すことがありますが，直前に多額の預金が引き出されており，それに見合う預金が申告書に載っていない場合に，チェックが入ります。
　税務署は準備調査として，あらかじめ銀行で数年間分の預金の動きを調査しています。

❹　相続人の財産が多い場合

　配偶者や子供に係る贈与税の申告や所得税の申告がないのに，相続人が預金や不動産などの財産を持っている場合。相続人が職業を持っていない場合には被相続人から資産を譲り受けていると考えられるためです。

❺　多額の借入金があるが，借入金に見合う申告財産がない場合

　申告書に債務として多額の借入金がある場合，その債務に見合う財産があるはずですが，その財産が申告されていない場合には，財産が申告されていなかったり，被相続人の借入金を肩代わりしているなどということが考えられます。

Q16 重点調査項目の現金・預貯金

相続税の調査時の重点調査項目の現金・預貯金はなぜ，目をつけられるのですか？
海外財産も最近では調査が多いと聞きましたが，なぜですか？

A

1 現金・預貯金

申告漏れの財産のトップは，現金・預金等が上位40％を占めております。以前は，有価証券で無記名のもの，金の延べ棒で自宅金庫に隠していたなどの事案がありますが，現在は本人確認が必要であり，自分以外の名義での取引はできない場合が多くなっています。それにもかかわらず，多額の現金・預貯金が申告漏れとなっているのは，「名義預金」といわれる家族名義の預貯金が大半を占めています。

たとえ，家族名義であっても，印鑑を本人が管理していたり，家族がその通帳の存在を知らなかったり，自由に出し入れできない口座は，相続人の財産とみなされます。

2 海外財産

調査実績でも海外財産も公表され，申告漏れが指摘されており，増加傾向にあります。グローバル化により海外取引が多くなっておりますが，海外で受け取った収入を申告しなかったり，海外の財産を申告しなかったりということが多く見られるため，最近では，外国の税務当局との情報や経験の共有を図り，協力しあうことにより国際取引を調査しています。

国税庁では，国際課税を専任とする国際税務専門官を増員するなど部署の設置や調査体制の充実・強化に取り組んでいます。

Q17 税制改正で創設された調書

税制改正により資産税の資料収集のための支払調書が創設されたと聞きますが、どのような内容の調書なのでしょうか？

A

1 国外財産調書制度の創設

その年の12月31日において価額の総額が5,000万円を超える国外に所存する財産（以下国外財産という）を有する居住者は、当該財産の数量及び価額その他必要な事項を記載した調書を、翌年の3月31日までに、税務署長に提出しなければならないことになります。平成26年1月1日から施行されます（内国税の適正な課税の確保を図るための国外送金等に係る調書の提出等に関する法律5）。

(注) 財産の評価については、原則として「時価」とします。ただし、「見積価格」とすることもできるとします。

創設の目的は、グローバル化により国外不動産の財産の取得や国外での証券投資をしている場合に、適正な課税・徴収の確保を図るために取得している財産を申告してもらうための制度です。この調書を提出することにより、国外財産の情報を把握することができるようになります。

2 金地金等の譲渡の対価の支払調書の創設

平成23年6月30日に成立した平成23年税制改正で、「金地金等の譲渡の対価の支払調書制度」が創設され、居住者又は国内に恒久的施設を有する非居住者に対して、金地金等の対価の支払いをする者（金地金等の売買を業として行う者に限ります）は、その支払金額（同一人に対する支払金額が200万円を超える場合）を記載した支払調書を、その支払いをした日の属する月の翌月末までに、当該支払いをする者の所在地の所轄税務署長に提出しなければならない

ことになりました。

　この支払調書が提出された，金やプラチナなどの売却した時の譲渡所得の申告漏れが多いことで，譲渡の状況を把握するためであり，相続の申告の際の金地金の存在の推定も調査できるようになったのです。

第3章

相続税の実地調査

1　相続税の実地調査の概要

Q18　相続税の実地調査

相続税の税務調査を初めて受けることになりました。相続税の実地調査はどのように行われるのですか？

A

　相続税の税務調査の根拠は，憲法第30条の納税義務に由来して，課税の適正・公平という行政目的を実現するために各税目に設けられている「質問検査権」に基づいています。この質問検査権の対象は，納税義務者だけではなく納税義務者に対する債権を有している者や，関連法人等相続税調査の反面調査対象になりうる者も含まれています。この質問検査権を拒み，妨げ，忌避した場合には1年以下の懲役又は50万円以下の罰金が科されることがあります。

　平成23年度税制改正において，税務調査手続の明確化等を内容とする国税通則法等の改正が行われました。

　相続税の税務調査はその多くが9月～12月の間に行われます。2月～3月に提出された確定申告書から譲渡所得の内容審理を行って資料との不適合な点の解明や特例適用の適否等につき，納税者を税務署へ呼び出して確認するなどの作業を5月～6月にかけて実施します。7月の税務署の人事異動が済むと，7月から8月にかけて譲渡所得の実地調査を実施します。その後に，相続税の実地調査の本格的な時期を迎えます。

　なお，国税局の資料調査課や，税務署の特別国税調査官においては，所得税等の確定申告期間中を除いて，年間を通じて相続税の実地調査が行われます。

　提出された相続税の申告書から選定し，特に悪質な課税回避が行われたと見られる案件は査察によって強制調査が行われますが，このような事案は全国でもわずかです。相続税の調査はほとんど国税局資料調査課（通称リョウチョ

ウ)か税務署の資産課税部門による納税者の同意を基にした任意調査です。

　大口案件や財産隠しの可能性の高そうな申告の場合は、資料調査課の主査が2～3名の実査官を連れて臨宅調査します。税務署のみで来る場合は、特別国税調査官と特官付上席調査官等、統括国税調査官又は上席調査官と調査官等の2人以上1組で出向いてきます。それ以外に資料調査課による税務署への応援・指導事案の場合には、合同で実施される場合もあります。

　調査の実施場所は、被相続人の生前の生活状況を確認するため、被相続人の生前の住まいで行われ、調査期間は1～2日が一般的ですが、事案によっては3～5日に及ぶ例もあります。

2　税務調査の事前通知

Q19　事前通知の方法
相続税の税務調査の事前通知は，どのように行われるのですか？

A

　相続税の税務調査を行うときは，納税者に対し，調査の開始日時・開始場所・調査対象税目・調査対象期間などを事前に通知することになっています。

　相続税の申告書を提出する際，税理士法第30条の税務代理権限証書を提出してあるときは，納税者への事前通知と共に，関与税理士に対しても通知をしなければならないことになっています。

　また税理士法第33条の2の添付書面もあわせて提出されているときは，まず税理士に連絡してその税理士から意見聴取をしなければならないことになっています。その税理士が税務署へ出向いての意見聴取で，税務署側の疑義が解決された場合には調査は省略されます。省略されなかった場合でも，実地調査は簡単なものになる例が多いようです。

3　税務調査当日のヒアリング

Q20 ヒアリングの方法

相続税の税務調査当日のヒアリングは，どのように行われるのでしょうか？

A

1 ヒアリングの方法

　調査当日は午前10時頃から始まります。まず開口一番，身分証明書を提示し，お悔やみを述べ，「立ち入った質問をさせて頂くこともあります。」と断った上で調査に着手します。

　しかし，いきなり不明点を問いただしてくるのではなく，半日位は世間話をするように，さりげなく情報収集を始めます。

　この世間話は，調査を円滑に進めるため納税者と話しやすい雰囲気を作るという目的ももちろんありますが，次の例のように何気ない会話でも調査官にとっては意味のある質問である場合が多いのです。

2 税務調査官の質問とその狙い

■「被相続人はどちらでお生まれになられたのですか？」
「転居なさったことは？」
　出身地が遠隔地である場合，又は，生前縁のあった地域の所有不動産の有無を確認したいのです。
■「被相続人のこれまでのご経歴は？」
　その地位や職歴に相応な申告内容であるか否かの検討を行うためです。
■「なぜお亡くなりになったのですか？」
「意識がなくなったのはいつ頃だったのですか？」

急な事故死であれば相続税の節税行為をする余裕がなく，長い療養期間を経て亡くなられたのであれば，ある程度準備ができます。
　　また意思能力や行為能力がいつ頃まであったのかを確認しておくことで，亡くなる直前の財産移動について被相続人の意思によるものか，相続人の意思で行われたのかを確認することができます。

■「被相続人のご趣味は？　どんなことがお好きでしたか？」
　　ゴルフが趣味なら申告書にないゴルフ会員権を所有していないか？　書画骨董宝飾品に造詣が深いのであれば，高額品を所蔵しているのではないか？それとも無趣味あるいは仕事が趣味なら，浪費には無縁で所得は蓄積される一方だったのかなどの状況を知りたいのです。

■「相続人さんのお仕事は？」
「その家族のお名前やお仕事は？」
　　相続人等の収入と相続人等の所有資産のバランスがとれているかを確認するのが目的です。妻はずっと専業主婦であったはずなのに，何千万円もの預金があると，それは被相続人の原資でできたものではないかと検討します。
　　また孫や婿などが金融機関や保険会社に勤務している場合には，そこにも被相続人の財産があるのではとチェックします。

■「生前，被相続人の財産の管理や預貯金の入出金は，どなたがなさっていたのですか？」
　　その管理者と被相続人の預貯金に不明瞭な行き来はないか？　あるいは調査が進む過程で仮装隠ぺいなどの事実が確認されたとき，実行行為者は誰であったかを特定するために確認します。

■「お亡くなりになる時点以前に取引のあった金融機関はありますか？」
「郵便局やJAとの取引はありませんか？」
　　相続開始時点では行き来がなくなった過去の利用金融機関の残高から名義預金が作られている可能性もありますので，情報を求めます。また郵便局等のない申告書については，取引の有無確認の一言が必ずあります。

■「被相続人はどのように相続財産を蓄財なさったのでしょうか？」

生前の蓄財，運用の方法や，生活レベル，蓄財運用への相続人のかかわる程度を知っておきたいのです。

　このような会話をしているうちに正午近くになると，昼食のためいったん中座します。その後，午後1時頃戻ってきて，次項のような調査らしい調査が始まることになります。

4　調査対象となる情報・資料の収集

Q21　情報・資料の収集の方法

相続税の税務調査の調査対象となる情報・資料は，どのように収集されるのでしょうか？

A

　資料の収集先は，税務署内部，外部金融機関等，臨宅調査の3つです。

　税務署内部からは，被相続人及び相続人の所得税の確定申告書や贈与税の申告書，財産債務の明細書，法定調書，資料箋が集められます。税務署では，資料箋を誰が収集して，どういう実績があったかという点について担当者名を管理しているらしく，この資料箋はものをいうようです。特に「赤紙」と呼ばれて増差や重加算税の賦課が見込める重要資料箋の内容については，熱心に確認するはずです。

　これらの内部資料からは，所得の状況，土地や株式の売買，退職金の有無など大きなお金の流れを掴めます。またこれらの資料は資産家の場合には，何十年でも一生分残されているといっても過言ではないでしょう。最近は，海外へ資産を移すケースも増えているため，100万円超の国外送金については，国外送金等調書を提出する義務を金融機関に課していますので，これも重要なチェック項目です。

　また，金地金等の取引については，200万円超について提出する義務が設けられました。

　外部資料としては，市区町村に死亡届が提出されると，市区町村は被相続人の所轄税務署に対し死亡通知と一緒に不動産の固定資産税評価証明書等を送付しています。金融機関等の照会文書からは，被相続人並びに相続人等の相続時点での有高や相続開始以前の取引の状況（預金通帳と同内容）がわかります。

そして，臨宅調査では，次のような情報・資料の提示を求め，写真を撮ったりコピーを取ったりして収集していきます。

❶ 貸金庫
事前にあることを把握していても，「貸金庫はありますか？」と尋ねます。そして契約しているとなれば，その日のうちに相続人に同行して中身をチェックします。

❷ 通帳・印鑑・不動産の権利書など大切なものの保管場所
自宅金庫などに保管しているときは，そこを開けさせて中身を確認します。
大切なものを保管してある周辺にあるメモや記録は重要なものに違いないと考えているので，大変熱心にチェックします。

❸ 印影の確認
家中の印鑑を持って来させ，一つ一つ印影を確認し利用状況を聞き取っていきます。まず朱肉を使わずに押印してみます。この空押しで日頃の使用頻度がわかります。次は朱肉を使い印影を写し取り，後日名義預金等の判定を行う材料にします。

❹ 日記や手帳の確認
日記や手帳の内容はもちろんチェックしますが，被相続人の筆跡も押さえます。

❺ 香典帳，電話帳等の確認
申告書にない金融機関等との付合いがないかをチェックします。

❻ 預金通帳，定期預金解約計算書など
預金については金融機関の照会資料があってもやはり写しを撮っていきま

す。預金通帳のメモなどをチェックしたいからです。

❼ 保険証券，ゴルフ会員権等々
全て原本資料重視の観点から写しを撮っていきます。

❽ 不動産の現地調査
主に評価増減要因の妥当性を確認します。

❾ 問題点の絞り込み
準備調査で解明できていない相続開始前の多額出金の理由などの問題点について証拠資料の確認やヒアリングで解決していきます。

❿ 調書
準備調査が不十分な場合，金融機関の合併・再編などで思うような証拠資料を収集できない，あるいは重加算税の対象にすると判断した場合は，聞き取り書を作成します。脱税の意思のシナリオが調査官の頭の中にできていて，それに則った質問をしてくるように感じます。質問内容と相続人の返答を便箋に書き取り，これを読み聞かせて相続人と税理士の署名捺印を求めます。一度聞き取り書を提出すると，自らが署名押印したことから，後から訂正は難しくなりますので，聞き取り書の内容に少しでもニュアンスが違うなどの疑問を持ったときは，必ずその場で伝えて訂正してもらうべきです。

5　証拠書類から税務調査官が抽出する「不審点」

Q22　「不審点」の抽出

相続税の税務調査について，調査官は証拠書類からどのように「不審点」を抽出するのでしょうか？

A

　被相続人が一生の間に蓄積した全ての財産を，短期間で把握しなければならないにもかかわらず，法人のような連続した帳簿などありません。聞こうにも本人はすでに亡くなっています。でも白色申告者のような推定課税を行うわけにはいきません。そこで全体検討と，一つ一つの事実確認を積み重ねて判断せざるを得ません。

■生前の所得の状況に比して金融資産が少ない場合

　金融資産は分散が容易なので，どこか，誰のところに異動させたのでは？と調査します。

■相続人の財産が異常に多い場合

　「異常に」とは，被相続人の所得状況と相続人の所得状況を比べてその比と金融資産の所有比を比較しているようです。そして異常に多いと判断すると，名義預金が存在するのでは？　とチェックします。

■生前の不動産や株式の譲渡代金が相続税の申告書に反映されていない場合

　何らかの財産隠ぺいがあるはずとチェックします。

■多額の借入金があるのに，見合いの化体資産が見当たらない場合

　子供の住宅取得資金の肩代わりや，申告していない海外不動産の存在を疑います。

■相続直前に多額の預金引き出しがあるのに，それに比し手持ち現金の申告額が少ない場合

手許現金の相続財産外しがあると判断します。
■相続人がいるのに養子縁組をしておいて，養子は何も相続しない
　　相続税額の計算を有利に導くための不当減少養子ではと，養子縁組の理由をチェックします。
■配当の受領があるのに，その元本株式が相続財産にない場合
　　名義株式の存在を疑います。
■生命保険料控除の申告があるのに，該当する保険が申告されていない場合
　　生命保険金の申告漏れや生命保険契約の権利の申告漏れをチェックします。
■毎月定額の入金がある
　　貸付金の返済を受けているのではないかとチェックします。
■使途不明な出金が多い場合
　　申告されていない財産の購入代金の支払いでは？　相続人等への贈与が頻繁に行われているのでは？　とチェックします。
■生前の財産債務の明細書記載の財産が申告書にない場合
　　その消えた資産はどのような別の資産に転化したかをチェックします。

6　反面調査はどのように行われるのか

Q23　反面調査の方法

相続税の税務調査の反面調査は，どのように行われるのでしょうか？

A

　臨宅調査だけでは，相続人によって隠ぺい，偽造，変造，虚偽の答弁などが行われた場合，事実の確認ができなくなることも考えられます。そこで調査した内容を裏付けるために反面調査を実施します。

　しかし闇雲に必要以上の反面調査が行われると，納税者に不要な負担・困難等を負わせる結果になるかもしれません。そこで反面調査の実施には客観的に見てやむを得ない場合，合理的必要性があること，社会通念上相当と認められる範囲であること等の要件が義務付けられています。

　主な調査先は，関連取引先と，金融機関等ですが，実施される反面調査のほとんどは，金融機関等へのものです。「金融機関従業員から日頃の財産処分決定者は誰であったのか？」等の聞き取りや，「相続人名義の預金等に関する報告書の送付先は？」「口座開設や満期書き換え時の，署名者は誰？」などの検討を行います。

第4章

被相続人のタイプ別税務調査事例

1　上場会社のオーナー経営者

Q24　家族名義の金融資産と美術品等

　故Aさん（相続発生時は92歳）は，X(株)の創業者で名誉会長でした。副社長の長男Bさん（大学卒業後X社に就職，故Aさんと同居）が跡を継ぎ，社長に就任しました。故Aさんの相続税申告は，顧問税理士Pに依頼し，すでに提出済みです。所轄税務署の資産課税部門から税務調査に伺いたいとの連絡がありました。日程を取り決めて，税務調査を受けることを了解しました。当日は上席調査官，調査官の計2人の調査官が長男Bさんの自宅を訪問し，顧問税理士Pが立会いのもと，調査官は家族名義の金融資産と美術品を中心に調査を進めました。故Aさんの相続財産の概要は次のとおりです。

①　X株式

　　X社は倉庫業・港湾運送業等を行う物流会社で，名古屋市に本社を構えています。昭和20年設立で，資本金85億円，売上高750億円，総資産価額900億円，従業員数630名の一部上場企業です。故Aさんの所有する株式は，1,380,000株（持株割合2％）で3億8,000万円になります。

② 　故Aさん名義の金融資産　　18億円
③ 　土地建物　　　　　　　　　8億円
④ 　美術品・アンティーク　　　1億円
⑤ 　親族図

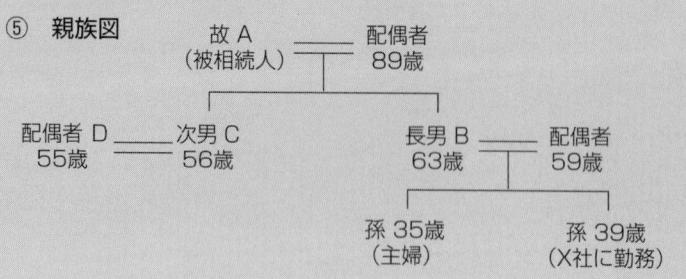

```
                    故A ────── 配偶者
                  （被相続人）    89歳
                      │
         ┌────────────┴────────────┐
配偶者D ── 次男C              長男B ── 配偶者
  55歳     56歳               63歳     59歳
                                │
                      ┌─────────┴─────────┐
                    孫35歳              孫39歳
                   （主婦）            （X社に勤務）
```

-52-

A

1 税務調査官の狙い

　今回の税務調査は,「家族名義の金融資産」と「美術品」の2項目を重点項目として調査を受けました。

❶　家族名義の金融資産

　配偶者や子,孫の名義になっているが,収入や管理等から客観的に見て実質的な所有者が被相続人と考えられ,親族に名義を借りているにすぎないものは名義貸しとされ,被相続人に係る相続財産に含めることになります。これは預貯金に限られたことでなく株式についても同様に名義株式とされるものもあります。

　このような,名義は被相続人でなくても,実質的な所有者から考えて被相続人の相続財産に該当するものがないかを調査することが税務調査官の狙いです。

❷　美術品等

　故Aさんは故Aさんの父から「美術品・アンティーク」を相続により取得していました。故Aさん自身も投資を目的として購入したものもありました。これらのうちに相続税の申告がされていないものがないかを調査することが調査官の狙いです。

2 税務調査の具体的な方法

❶　家族名義の金融資産

　名義貸し預金等とは,名義は配偶者や子,孫になっているが,収入や管理等から客観的に見て実質的な所有者が被相続人と考えられ,親族に名義を借りているにすぎないものをいいます。これは預貯金に限られたことではなく株式についても同様に名義株式とされることもあるので注意が必要です。

■名義貸し預金等の判定基準

　調査官は，家族名義の金融資産の中に被相続人の名義貸し預金等に該当するものがないかに焦点を当てます。税務調査において名義貸しが疑われる可能性のあるポイントとしては次のとおりです。

> **POINT　名義貸しが疑われるポイント**
> - 被相続人と家族が共通の銀行届出印を使用している場合
> - 家族名義の通帳や印鑑等を被相続人が管理していた場合
> - 家族名義の通帳の開設手続きや入出金の手続きを被相続人が行っていた場合
> - 子や孫の預貯金等が旧姓のままになっている場合
> - 別居なのに住所が被相続人と同じとなっている場合
> - 遠方に住んでいる家族名義の預貯金等が被相続人（又は配偶者）と同じ支店にある場合
> - 被相続人の生前の入金に比べ相続財産が少ない場合
> - 配偶者や子，その他家族の預貯金等の残高が本人の収入に比べ著しく高額である場合
> - 名義人となっている家族がその通帳等の存在を知らなかった場合
> - 贈与税の申告がされていない場合
> - 受取利息や配当金等のそこから生まれた利益を被相続人が費消していた場合
> - 子や孫への生活費等として振り込んだ預貯金等の金額が子や孫名義の預貯金等として残っている場合
> - 被相続人名義の土地・有価証券等の売却時や定期預金・生命保険金等の満期時等の預貯金等が確認できない場合

■生前贈与の調査

　故Aさんは10年前から配偶者及び長男B，孫に対して預貯金と有価証券の

計画的な贈与を毎年実施していました。配偶者及び長男 B，孫は受贈した預貯金と有価証券をそれぞれで管理しています。

この場合には税務調査において次の判定基準が問題となります。
- ●自署の贈与契約書を作成してあるか
- ●受贈者が贈与税の申告をしているか
- ●受贈者がもらったものを管理しているか

民法上の贈与は，民法第549条において「贈与は，当事者の一方が自己の財産を無償で相手方に与える意思を表示し，相手方が受託をすることによって，その効力を生ずる。」とされています。

つまり贈与者があげたことの意思表示をし，受贈者がもらったことの認識をすることで成立することになります。そのため親から子や孫名義の通帳に定期的に預金をしていても，子や孫がその預金の存在を認識していない等受贈者のもらった意思表示を確認できないような場合には，贈与取引が成立していないと考えられます。

また，贈与による財産の取得時期は次のとおりです。

書面での贈与	その契約の効力発生時
口頭での贈与	その履行時
停止条件付の贈与	その条件が成就した時
贈与の時期が明確でないとき	その所有権等の移転の登記又は登録があった時と考えられます。

贈与の認識がある場合でも，親から子や孫に誕生日祝いや卒業祝い等の「お祝い」としてマンションや高級車の購入，また生活費の範疇を超えた高額な仕送りや，将来分の入学金や授業料をまとめて貯蓄するようなケースもありますので注意が必要です。

平成25年度税制改正により，教育資金の一括贈与について，受贈者（30歳未満の者に限る）の教育資金に充てるためにその直系尊属が金銭等を拠出し，金融機関（信託会社（信託銀行を含む），銀行及び金融商品取引業者（第一種

金融商品取引業を行うものに限る）をいう）に信託等をした場合には，信託受益権の価額又は拠出された金銭等の額のうち受贈者1人につき，1,500万円（学校等以外の者に支払われる金銭については，500万円を限度とする）までの金額に相当する部分の価額については，平成25年4月1日から平成27年12月31日までの間に拠出されるものに限り，贈与税を課さないこととされました。

なお，この場合の教育資金とは，文部科学大臣が定める次の金銭とします。

①学校等に支払われる入学金その他の金銭

②学校等以外の者に支払われる金銭のうち一定のもの

■預貯金等の確認項目と税務調査官の狙い

相続人の税務調査では，被相続人名義の預貯金等についての過去の動きは必ず調査の対象となります。税務署は過去の確定申告書や財産の明細等のデータから，被相続人にどの程度の所得がありどのくらいの財産が残るのかを推定することができます。その推定したものよりも申告財産が少ないと判断される場合には，その申告内容に疑問をもたれることにつながります。

少なくとも過去5年～7年間の預貯金等の動きを確認する必要があります。

> **POINT　預貯金などの確認項目**
>
> ① 定期的に入出金等が頻繁に行われていた場合
>
> > ・不表現財産に繋がる入出金がないか？
> > ・知人や友人への貸付けの存在はないか？
> > ・地代等の支払いはなかったか？
>
> ② 貸金庫の利用料金の引落があった場合
>
> > ・貸金庫には普段何を入れていたのか？
> > ・貸金庫の鍵は誰が管理していたか？
> > ・代理人の制度は利用していたか？

③ ローンや借入金の返済がある場合

> ・そのローンや借入金等の名義は誰か？
> ・そのローンや借入金の使い道は何だったか？

④ 公共料金や固定資産税等の振替口座を確認する場合

> ・あるべき預貯金が申告されているか？
> ・遠隔地の土地建物がないか？

⑤ 海外送金を頻繁に行っている場合

> ・海外赴任等により海外生命保険会社の生命保険契約に加入していないか？
> ・海外送金したお金が相続時に残っていないか？
> ・海外銀行や証券会社に家族名義の口座がないか？

⑥ 配当金の入金等がある場合

> ・知人等の非上場会社への出資がないか？
> ・非上場株式等の申告がされているか？
> ・端株の申告漏れがされているか？

⑦ まとまった預貯金等の入出金があった場合

> ・手許現金の申告漏れがないか？
> ・家族の通帳等が増えていないか？
> ・家族に車や不動産の購入等がなかったか？
> ・知人や友人への貸付金がないか？
> ・どのような財産に転化されたのか？

⑧　被相続人の父母名義の通帳等がある場合

・遺産分割協議書はあるか？
・通帳等の管理は誰がしていたか？
・相続財産の名義変更や分配が完了しているか？

❷　美術品等の申告
■美術品等がある場合の税務調査官の狙い

　故Aさんは故Aさんの父から「美術品・アンティーク」を相続により取得していました。故Aさん自身も投資を目的として購入したものもありました。
　被相続人の配偶者や子等の家族は，被相続人が先代から相続した美術品等や購入した美術品等の全てを把握できていない場合もあり，「そういえば家や蔵のどこかに絵画等があった」という認識程度であることも少なくありません。またすでに被相続人の生前に子がその美術品等を引き受けている場合もありますので注意が必要です。
　相続税の税務調査の際，下記のような内容を相続人から直接聞くことで申告されていない美術品等がないかを調査することが調査官の狙いです。
　①　家の中に高額な調度品等がないか
　②　被相続人の手帳やメモに購入や管理の記録がないか
　③　被相続人が利用していたデパートや画廊はどこか
　④　デパートや画廊等から案内状等のハガキがなかったか
　⑤　被相続人がオークションに参加することはあったか
　⑥　美術館等の評議員などを務めていなかったか
　⑦　家のどこで保管をしているか

■美術品等の評価

　被相続人が所有していた美術品等は相続財産として申告する必要があります。ここでポイントになるのがその評価額です。財産評価基本通達135（2）では「書画骨とう品の価額は，売買実例価額，精通者意見価格等を参酌して評

価する。」とされています。その美術品等を鑑定することになると少なからず費用や手間を要するため、美術年鑑やインターネットから参考にすることもあると思います。しかし実際の価値はその価額と大きく乖離していることが少なくありません。保存状態が悪い場合には傷やカビもありますし、もともと法外な購入価格で購入しているような場合もあります。なにより美術品等は2～3ヶ月で相場が大きく変動することも珍しいことではありません。

　したがって美術品等の評価は、必ず専門業者や画廊等で実物を見てもらった上での査定額が必要となるのです。

③ 税務調査に備えて事前に準備する事項
❶ 家族名義の金融資産に対応する税務調査の事前準備事項
■名義貸しが疑われるポイントを事前に確認・調査する

　相続税の税務調査では、名義貸し預貯金や有価証券等の存在は必ず調査の対象となります。たとえ被相続人やその家族に全くその心当たりがなかったとしても調査官から名義貸しの疑いをかけられることも決して少なくありません。客観的に見て実際の所有者が判断しにくい預貯金や有価証券がないか等の疑われる可能性のあるポイントを必ず事前に確認しておく必要があります。

■生前贈与がある場合その贈与の根拠を確認する

　民法上の贈与とは、民法第549条において「贈与は、当事者の一方が自己の財産を無償で相手方に与える意思を表示し、相手方が受託をすることによって、その効力を生ずる。」とされています。贈与者が贈与の意思表示をしていること及び受贈者がその受諾をしていたことを証明する必要があります。贈与者と受贈者との間で作成した贈与契約書が自署であるかを確認するとともに、実際に贈与が履行されていたか、受贈者自身が贈与税の申告及び納税をしていたかを確認することで贈与の事実を証明しなければなりません。

■被相続人の預貯金等の過去の動きを確認する

　被相続人の金融資産の残高を確認するためには残高証明書を確認することが必要となりますが、併せて被相続人名義の金融資産の過去の動きも確認する必

要があります。確認には5年〜7年間程度を必要としますが，不動産の売買や動きの大きな口座等は過去10年程度まで遡って確認したほうがいいと考えられます。また，まとまった金額の使途不明な出金がある場合等には，併せて被相続人の家族名義の金融資産の残高や動きを確認する必要があります。子や孫名義の口座に振り込んだ生活費等の金額が実際の生活費等の範囲を超えており，子や孫名義の預貯金等として残っていること（たとえば，21歳の大学生の預金残高が5千万円）や，誕生日や卒業祝いとしてマンションや高級外車を購入しているケースもありますので注意が必要です。

❷ 美術品等に対応する税務調査の事前準備事項

　先ほど述べたように，被相続人の配偶者や子等の家族は，被相続人が先代から相続した美術品等や購入した美術品等の全てを把握できていない場合も少なくありません。その把握のためには被相続人の人柄や趣味を確認し，貴重品の保管場所はどこか，メモ等の記録がなかったか，ひいきにしていたデパートや画廊がなかったか等を確認しておく必要があります。

Q25 自社株評価（純資産価額）

被相続人Aさんは，上場会社X(株)のオーナー（会長）でした。長男Bさんは，相続開始時にはX(株)の社長でした。Aさんの相続税申告は，5年前より同族会社Y社の顧問契約をしている税理士Kに依頼し，期限内に申告しました。今般，所轄税務署より税務調査に伺いたいとの連絡があり，日程を取り決めて税務調査を受けることを了解しました。当日は，Aさんの自宅において，顧問税理士Kの立会いのもと，調査官は自社（Y(株)）株評価と不表現資産（金融資産）を中心に調査を進めました。Aさんの相続財産の概要は次のとおりです。

① 自社株（会社規模：小会社） 15億円

　Y社（資本金1億円）は，不動産賃貸業を営む会社で，昭和63年に設立されました。Y社は，X社株式200万株を現物出資することにより設立され，X社株式の帳簿価額は1億円，相続税評価額は20億円です。Y社の各資産の相続税評価額の合計額のうちに占めるX社株式の相続税評価額の割合は，50％を超えています。Y社の株主は，Aさんが75％で，残り25％は長男Bさんが所有していました。

② 上場株式（X(株)） 5億円
③ 金融資産 5億円
④ 土地建物 自宅（土地建物）2億円

このほか，金融機関で貸金庫を利用していました。

A

1 税務調査官の狙い

今回の調査は，「自社株」と「貸金庫取引」の2項目を重点項目として調査を受けました。

❶ 自社株

　Y社は，取引相場のない株式の評価区分では小会社で株式保有割合が50％以上のため，株式保有特定会社に該当します。株式保有特定会社は，原則として「純資産価額」により評価し，納税者の選択によりS1の金額＋S2の金額により計算することもできます。

　「S1の金額」
　　＝株式保有特定会社が有する株式等と当該株式等に係る受取配当収入がなかったとした場合の同社株式の原則的評価方法による価額
　「S2の金額」
　　＝株式保有特定会社が有する株式等について，純資産価額方式により評価した価額（評価差額に対する法人税額等相当額を控除します）

　この事例の場合については，純資産価額の計算における「評価差額に対する法人税等に相当する金額の控除」の適否が調査官の狙いです。

❷ 貸金庫取引

　貸金庫を利用している場合は，税務調査において必ず確認をされます。
　貸金庫に財産に関する重要書類が保管されていないか，申告されていない金地金・現金・債券・宝石等の財産が隠されていないかが，調査官の狙いです。

2 税務調査の具体的な方法

❶ 自社株の評価（純資産価額）

① 純資産価額は，以下の算式により計算します。

$$\frac{\begin{pmatrix}相続税評価額によ\\る各資産の合計額\end{pmatrix} - \begin{pmatrix}負債の金額\\の合計額\end{pmatrix} - \begin{pmatrix}評価差額に対する法人\\税額等に相当する金額\end{pmatrix}}{発行済株式数}$$

② 評価差額に対する法人額等に相当する金額の計算

　　次のイの金額からロの金額を控除した残額に42％（平成22年10月1日〜平成24年3月31日の間は45％です）を乗じて計算します。

― 62 ―

イ 相続税評価額による各資産の合計額－負債の金額の合計額
ロ 帳簿価額による各資産の合計額－負債の金額の合計額
③ 自社株(純資産価額)と調査官の狙い
　この事例の場合，調査官の狙いは，Y社がX社株を現物出資により設立していることから，評価差額に対する法人額等に相当する金額の計算に焦点が当てられました。

❷ 現物出資等受入資産がある場合の帳簿価額の合計額

　評価会社の保有する資産の中に，現物出資等により著しく低い価額で受け入れた資産等があるときは，現物出資等の時における現物出資等受入差額を各資産の帳簿価額の合計額に加算します。

　また，「現物出資等受入差額」は，現物出資等の時の現物出資等受入資産の相続税評価額が，課税時期における現物出資等受入資産の相続税評価額を上回る場合は，課税時期の相続税評価額から現物出資等受け入れ資産の帳簿価額を控除した金額となります(下図参照)。

■現物出資等時の価額＞課税時期の価額

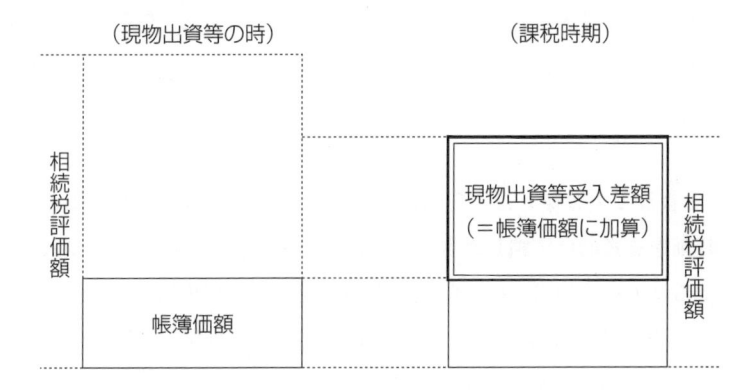

（現物出資等の時）	（課税時期）
相続税評価額	現物出資等受入差額（＝帳簿価額に加算）／相続税評価額
帳簿価額	

　この場合，株式に係る評価差額に対応する法人税額は控除できません。

■現物出資等時の価額＜課税時期の価額

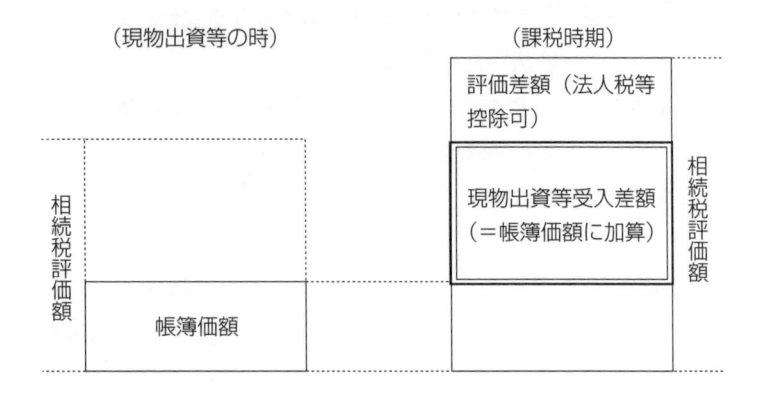

（現物出資等の時）　　　　　（課税時期）

	評価差額（法人税等控除可）
相続税評価額	現物出資等受入差額（＝帳簿価額に加算）
帳簿価額	

　この場合，株式に係る評価差額うち一部に対応する法人税額の控除が可能となります。

　なお，課税時期における相続税評価額による総資産価額に占める現物出資等受入資産の価額の合計額の割合が20％以下である場合には，加算しません。

　現物出資等受入資産がある場合の問題を指摘する場合の調査官の狙いは次のとおりです。

① 現物出資等受入資産が，著しく低い価額で受け入れた資産又は株式か
② 現物出資等の時における現物出資等受入資産の相続税評価額の金額はいくらか

　「現物出資等受入差額」は，現物出資等により資産を著しく低い価額で受け入れ，時価を恣意的に圧縮したものです。その圧縮額（現物出資等受入差額）に対応する法人税等相当額の控除を恣意的に利用する租税回避スキーム（いわゆるＡ社，Ｂ社方式です）が，バブル期を中心に行われ，国税庁はこの租税回避スキームを封じ込めるため，平成6年6月27日付けの通達改正により制定しました。

❸ 貸金庫取引

相続税の税務調査において申告漏れ相続財産のうち約8割が現金・預貯金・金融資産などの不表現資産で占められています。そのため，実地調査においては不表現資産を中心に調査が行われます。

その中で貸金庫の利用は，預貯金口座からの貸金庫利用料の引落によりその存在が容易に確認されます。また，貸金庫の開閉は銀行で記録されているために調べればわかります。被相続人の相続開始の直前や直後に貸金庫の開閉があれば，何らかの財産隠しが行われたのではないかと調査官は疑います。

そして，調査官は税務調査時には必ず相続人に同行し貸金庫の確認を行います。

③ 税務調査に備えて事前に準備する事項

❶ 現物出資等受入資産がある場合に対応する税務調査の事前準備事項

■現物出資の有無を確認

会社の設立や増資が，現物出資によるものであるかどうかを定款・議事録等で確認します。法務局には登記申請時の申請書類が5年間，公証役場には，原始定款の謄本が20年間保存されており閲覧・交付を受け確認することもできます。

■現物出資等の時の相続税評価額

現物出資等受入差額の計算のため，現物出資等の時の相続税評価額を確認する必要があります。現物出資等の資産が上場株式であれば当時の相場を確認し相続税評価額を計算することは容易です。現物出資等の資産が非上場株式（取引相場のない株式）であれば，当時の決算書・申告書の帳簿書類を確認し相続税評価額を計算することになります。

現物出資等受入差額を恣意的に利用した租税回避スキームは，バブル期に多数行われました。バブル期から20年以上が経過した現在においては現物出資時の資料が存在しない事例も考えられます。今回の事例ように，相続税申告を行う顧問税理士が現物出資等を行った後より関与している場合には，現物出資

等の有無の確認するために会社設立の経緯のヒアリング，前記の資料の入手を行うことが重要です。

「現物出資等受入差額」があることが推測されるポイントとして，
① 設立時期がバブル期
② 資本金額＝評価会社所有の株式の帳簿価額

がありますので，この点を取引相場のない株式の評価をする場合に注意します。

❷ 貸金庫に対応する税務調査の事前準備事項

■貸金庫利用の有無確認

相続人へのヒアリング，貯金通帳からの利用料引落などにより貸金庫を利用しているかを確認します。

■貸金庫の利用状況の確認

被相続人や相続人の中には，安易に現金であればわからないだろうと考え，財産を現金化し自宅や貸金庫に保管する方もいます。

しかし，課税当局は過去の確定申告や法定調書等の資料，金融機関等の関連先への反面調査などあらゆる角度から，不表現資産を把握しようとします。そして，不表現財産が貸金庫等から発見された場合には重加算税の対象案件となり思わぬ納税負担が相続人に降りかかります。

調査官は，相続人にこの点を説明をした上で，相続人へのヒアリング・現地の確認により貸金庫の開閉の利用状況や，保管物の内容を確認します。

Q26 上場株式と持株会社株式

　故Aさん（相続発生時は91歳）は，60年前に創業したXY(株)を30年前に東証2部に上場させたオーナー経営者です。社長，会長，相談役を経て10年前に退任しました。引退後は体調を崩し，入退院を繰り返していましたが，X年3月30日に入院先の病院で亡くなりました。

　故Aさんの相続税申告は，顧問税理士に依頼しすでに提出済みですが，所轄税務署の資産課税部門から税務調査を行いたい旨の連絡を受け，日程調整の上，上席調査官1人と調査官2人の計3人の調査官が故Aさんの配偶者であるA夫人の自宅を訪れ，税務調査が行われました。

　税務調査は，顧問税理士の立会いのもとでA夫人と長男Bさん（XY(株)の社長：故Aさん夫妻と同居）に対する質問からスタートし，相続財産の中心である上場株式及び持株会社の株式を中心に調査が行われました。

　故Aさんの相続財産の概要は次のとおりです。

① 上場株式

　XY株式　　3月末決算，故Aさんが創業した東証2部の株式128万株（資本金8億円・発行済株式の8％）

　　　　　　相続税評価額

　　　　　　　　128万株×479円＝6億1,312万円

　YZ株式　　3月20日決算，故Aさんの友人が創業（創業時に故Aさんも出資）したジャスダックの株式20万株（資本金5億円・発行済株式の2％）

　　　　　　相続税評価額

　　　　　　　　20万株×895円＝1億7,900万円

② 非上場株式　不動産賃貸業を営むXY株式320万株（発行済株
　（A株式）　 式の20％）を保有する持株会社A株式30株（資本金1,000万円・発行済株式の15％）

> 相続税評価額
> 　　　　　30株×5,398,400円＝1億6,195万円
> ③　金融資産その他　　5億円
> 合　計　　　14億5,407万円
>
> なお，故Aさんの相続人は，配偶者，長男Bさん，長女Cさんの3人ですが，過去20年間にわたってXY株式・持株会社A株式と金融資産を長男と孫である長男の子供2人に，YZ株式と金融資産を長女と孫である長女の子供1人に積極的に贈与していました。

A

1　税務調査官の狙い

　故Aさんは，上場会社の創業者であるため遺産の3分の2は上場株式及び持株会社株式です。そのため，調査官はここに焦点を絞りその評価額の妥当性について調査が行われました。

❶　上場株式

　故Aさんが創業したXY株式は3月末決算であり，友人が創業したYZ株式は3月20日決算であるのに対して，課税時期が3月30日であるため上場株式の原則的な評価方法が適用できないケースも想定され，その評価額次第では相続財産に大きな影響を与えるため，評価額の妥当性を検証することが調査官の狙いです。

❷　非上場株式である持株会社の株式

　持株会社であるA株式は，株式保有特定会社に該当するため「S1＋S2方式」で評価されているが，同社資産の中心を占めるXY株式の評価とともに，「S1＋S2方式」の評価内容の妥当性を検証することが狙いです。

❸ 子供や孫への株式や金融資産の贈与

株式以外に金融資産が多額にあるため，毎年2人の子供と3人の孫に上場株式・持株会社株式と預貯金を積極的に贈与していますが，その評価額が妥当か，実際に受贈者に所有権の移転が行われているかを確認することを狙っています。

2 税務調査の具体的な方法

❶ 上場株式の評価

■上場株式の原則的な評価方法と特例

上場株式は，次のイからニまでのうち最も低い価額によって評価することになっています（財基通169（1））。

　イ　課税時期の最終価格（いわゆる終値）
　ロ　課税時期の属する月の毎日の最終価格の月平均額
　ハ　課税時期の属する月の前月の毎日の最終価格の月平均額
　ニ　課税時期の属する月の前々月の毎日の最終価格の月平均額

しかし，課税時期が，権利落の日から株式の割当や配当金交付の基準日までの間にある場合の上記イの最終価格は，その権利落の日の前日以前の最終価格のうち課税時期に最も近い日の最終価格を課税時期の最終価格とする特例が適用されています（財基通170）。

さらに，課税時期の属する月以前3ヶ月間に権利落がある場合には，上記の「課税時期の最終価格の特例」と同様に各月の最終価格の月平均額について，その月の初日から権利落の日の前日までの毎日の最終価格の月平均額によるという特例が設けられています（財基通172（1））が，配当落の場合には，この特例は適用されず原則どおり課税時期の属する月の初日から末日までの毎日の最終価格の月平均額によることになっています（財基通172（2））。

■XY株式のようなケースの上場株式の評価額

事例のXY株式は，次のように課税時期が権利落の日と配当金交付の基準日の間にあるため，まさにこの特例の適用対象となります。

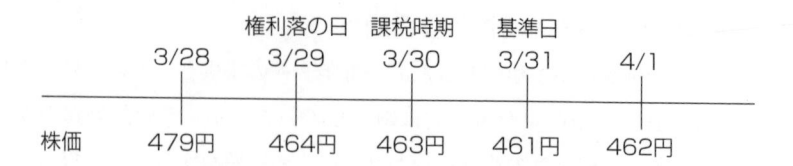

```
           権利落の日  課税時期   基準日
   3/28    3/29    3/30    3/31    4/1
────┼──────┼──────┼──────┼──────┼────
株価  479円   464円   463円   461円   462円
```

　そのため、この事例の評価額は特例を適用して権利落の日の前日以前の最終価格（479円）で評価すべきですが、XY株式の評価額を誤って原則的な評価額である課税時期の最終価格（463円）によって評価されていないかに着眼して調査官は調査を行います。

　さらに、権利落の日を含む月の最終価格の月平均額は、特例ではなく原則どおり評価されているかどうかのチェックが行われます。

■ YZ株式のようなケースの上場株式の評価額

　事例のYZ株式のケースは、次のように課税時期が配当金交付の基準日の翌日以後となっています。

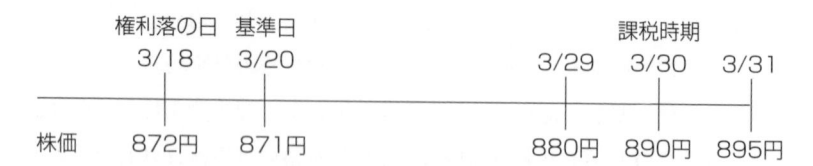

```
    権利落の日 基準日              課税時期
      3/18   3/20        3/29   3/30   3/31
──────┼─────┼──────────┼──────┼──────┼───
株価   872円  871円        880円   890円   895円
```

　このように課税時期が基準日の翌日以後の場合の課税時期の最終価格は、課税時期の翌日以後の最終価格のうち課税時期に最も近い日の最終価格（895円）によるという特例が設けられています（財基通171(3)）。

　そのため、調査官はYZ株式の評価額が原則的な評価ではなく、特例が適用されているかどうかに着眼して調査が行われます。

　さらに、このYZ株式のケースのように課税時期の属する月に権利落があり、課税時期が基準日の翌日以後である場合は、権利落の日からその月の末日までの最終価格の平均額によることになります（財基通172(3)）が、配当落の場合は、この特例は適用されず原則どおり計算されます（財基通172(3)）ので、この点についても確認が行われます。

■YZ株式の配当期待権の評価額

　課税時期が，事例のYZ株式のように配当金交付の基準日の翌日から配当金交付の効力が発生する日（株主総会の決議日）までの間にあるため，配当金を受けることができる権利である配当期待権（財基通168（7））がある場合には，その金額を相続財産に計上することが必要です。

　この配当期待権の価額は，課税時期後に受けると見込まれる予想配当の金額から源泉徴収されるべき所得税額相当額を控除した金額によって評価されます（財基通193）。

　したがって，調査官は，課税時期が配当の効力発生日前であるため，未収配当金はないものの基準日現在株主であったことにより配当期待権があることに着眼しています。この配当期待権は漏れやすいため，チェックの対象となっているのです。

❷　非上場株式である持株会社株式の評価
■株式保有特定会社と会社の規模
　【株式保有特定会社の判定】
　持株会社は，資産価額（相続税評価額で計算）に占める株式（相続税評価額で計算）の保有割合が高いため，株式保有割合が次の割合以上の場合には「株式保有特定会社」として純資産額価額によって評価することになっています（財基通189）。そのため，通常の場合は株式保有会社に該当するかどうか分母の資産額や分子の株式等の価額の相続税評価額の妥当性のチェックが行われます。

会社の規模	大会社	中会社	小会社
株式等の保有割合	25％以上	50％以上	50％以上

　しかし，この事例のように株式保有特定会社として申告を行っているような場合は，実際に該当しているかどうかの確認としてのチェックが行われます。
　【会社規模の判定】

持株会社は，他の非上場株式の評価と同様，主たる事業の種類，従業員数，総資産価額，取引金額などによって判定された会社の規模の大きさによって大会社，中会社，小会社に分類され，判定された規模によって評価方法や斟酌率などが異なり，その結果，株式の評価額が異なりますので規模の判定要素のチェックが行われます。

　チェックにあたっては，総資産価額は相続税評価額ではなく確定決算上の帳簿価額であること，従業員数には役員は含まないこと，パート社員の換算方法など間違いやすい項目について確認が行われます。

■「S1＋S2」方式による評価額

【株式保有特定会社の評価方法】

　株式保有特定会社は，原則として純資産価額方式によって評価することとされていますが，納税者の選択によって「S1＋S2方式」によって評価することもできます（財基通189（2））。

　このS1＋S2方式というのは，株式保有特定会社を次のように2つに分解してそれぞれ株価を計算した上で，その2つの評価額を合計した金額を株式保有特定会社の株式の評価額とするものです。

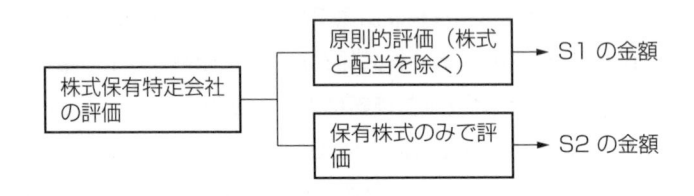

```
                   ┌─ 原則的評価（株式  → S1の金額
株式保有特定会社 ──┤   と配当を除く）
の評価             └─ 保有株式のみで評   → S2の金額
                       価
```

　そのため，調査官は次のとおりS1の評価額とS2の評価額について，次の点に着眼して調査が行われます。

【S1の金額の計算】

　S1の金額は，会社の規模に応じて適用すべき原則的な評価方法で次のとおり計算しますが，類似業種比準価額も純資産額も保有株式と受取配当金を除外して計算するという特殊な計算を行いますので，その計算内容がチェックされます。

ⅰ　類似業種比準価額

　類似業種比準価額方式の算式（事例4-2-1参照）のⒷ（1株当たりの配当），Ⓒ（1株当たり年利益），Ⓓ（1株当たり純資産価額）から，それぞれの金額に次の算式で計算した受取配当金収受割合を乗じた金額を控除して算定した金額です。

$$\frac{受取配当金}{収受割合} = \frac{直前期末以前2年間の受取配当金の合計額}{直前期末以前2年間の受取配当金の合計額 + 直前期末以前2年間の営業利益の金額の合計額}$$

　そのため，営業収益や営業費用の大きさがS1の金額の大きさに影響しますので，その内容が調査され受取配当金収受割合の計算の妥当性のチェックが行われます。

ⅱ　純資産価額

　純資産価額の計算にあたっては，相続税評価額である純資産額と帳簿価額の純資産価額から株式等の金額を除いて計算します。

　さらに，株式保有特定会社には80％評価の取扱いは適用されませんので，この点もチェックポイントになります。

ⅲ　併用価額

　上記ⅰの類似業種比準価額とⅱの純資産価額を規模に応じた「Lの割合」を用いて併用した評価額です。

【S2の金額の計算】

　S2の金額は，株式保有特定会社である持株会社が保有する株式等のみを持株会社の保有資産として，純資産価額方式によって評価する方法です（財基通189-3）。

　そのため，持株会社が保有する上場会社の株式の評価額の検証結果がS2の金額に大きな影響を与えます。

❸　子供や孫への贈与

　この事例のように上場会社のオーナーは，自ら創業した上場株式や持株会社

の株式をはじめ金融資産を子供や孫に積極的に贈与していますので，過年度に遡って贈与関係のチェックが必ず行われます。

3 税務調査に備えて事前に準備する事項

❶ 上場株式の評価に対応する税務調査の事前準備事項

■XY株式の評価に関する資料を準備する

　XY株式は，課税時期が権利落の日と配当金交付基準日の間にあるため，上場株式の特例評価が適用されますので，評価額を算出した基礎資料である日本証券新聞縮刷版や国税庁のホームページのコピーなどの資料とともに計算過程及び特例等を適用した法的な根拠などを説明できるように整理しておくことが必要です。

■YZ株式の評価と配当期待権に関する資料を準備する

　YZ株式は，課税時期が配当金交付の基準日以後であり，かつ，配当金の効力が発生する前であるため，特例評価額を算出した基礎資料，法的な根拠，配当期待権の算出資料を準備し，調査官に説明できるように整理しておくことが必要です。

❷ 非上場株式の評価に対応する税務調査の事前準備事項

　持株会社であるA株式の「S1＋S2方式」による評価額の計算根拠である類似業種比準価額のデータ，路線価図，固定資産税評価額など基礎資料を準備するとともに，調査官に説明できるように準備しておくことが必要です。

Q27 持株会社

　故Aさん（平成22年8月10日相続発生時は80歳）は、衣料品販売を中心とした上場会社X社の創業者で、その持株会社Y社の保有する株式及び個人所有の株式を含めた筆頭株主でした。Aさんには先妻（死別）との間に1男2女、現在の配偶者Bさん（前夫との間に3男）との間には実子はなくX社は親族以外の経営陣が就任してAさんは代表取締役を5年前に退任し相談役として大所高所から助言をしていました。相続税の申告後、国税局の所管部門より税務調査の連絡がありBさんの自宅で臨宅調査を受けました。

　故Aさんの相続財産の概要は次のとおりです。

① 土地建物　5億円
② Y社株式　9億5,948万円

　　Y社は資本金5,000万円でX社の株式を現物出資して設立した会社です。平成21年に賃貸ビルを建設し、不動産賃貸業を始めました。

　　年間売上高は3億円、従業員数は3名。株式評価は「中会社の小」で、相続税評価額は1株当たり959,480円（純資産価額方式で計算すると1株2,048,000円）です。

　　故Aさん所有のY社株式は1,000株
　　Y社の直前決算期は平成22年6月30日
　　Y社の資産負債の金額（相続税評価額）は以下のとおり。

　　X社株式　26億円
　　土地　　　5億円
　　建物　　　22億円
　　資産合計　53億円
　　借入金　　30億円

③ 金融資産　1億円

④　絵画　　　5億円

　　故Aさんは趣味として日本画のコレクションをしており，著名な作家の作品も何点か収集していました。X社の執務室，自宅などに飾っており，他は美術品保管業者に依頼して保管管理していました。評価については精通者に鑑定評価を依頼しました。

⑤　親族図

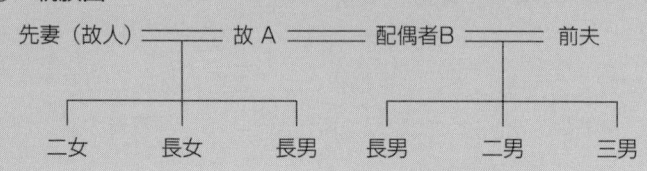

```
先妻（故人）════ 故A ════ 配偶者B ════ 前夫
      │                │
  ┌───┼───┐        ┌───┼───┐
  二女 長女 長男    長男 二男 三男
```

A

1　税務調査官の狙い

　今回の税務調査は，「持株会社株式」，「絵画」及び「親族名義の資産」3項目を重点として調査を受けました。

❶　持株会社株式

　持株会社株式については，その保有する資産はX社株式及び賃貸不動産であり，特定の評価会社の判定は株式保有特定会社には該当せず一般の評価会社として原則的評価方法を適用して算出しています。調査要点は，相続発生前のY社の資産構成の変化に合理性があるかどうか，Y社の財産評価が正しく行われているかどうか，特定の評価会社の判定に影響しないかどうかにあります。

❷　絵画

　書画，骨董については申告書上，不表現資産となっているものがないかどうか，つまり網羅性の確認と申告されたものの評価額が適正かどうかが調査要点とされます。

第4章　被相続人のタイプ別　税務調査事例

❸　親族名義の資産

相続調査において必ず調査要点とされますが，特に故Aさんの場合には相続人の関係性に考慮すべき事情があり，遺産分割のトラブルの有無，Aさんが生前に実子に配慮した資産移動の有無，あるいは配偶者に配慮した資産移転について特に調査要点として浮上してきます。

２　税務調査の具体的な方法

❶　持株会社株式の評価（株式保有特定会社の判定を中心として）

■株式保有特定会社

株式保有特定会社とは，課税時期において評価会社の有する各資産を財産評価基本通達に従って評価した価額の合計額のうちに占める株式及び出資の価額の合計額の割合が大会社にあっては25％以上，中会社及び小会社については，50％以上である評価会社をいいます（財基通189（2））。

■株式保有特定会社の株式の評価

1株当たりの純資産価額（相続税評価額によって計算した金額）によって評価します。ただし，納税義務者の選択により，純資産価額の計算において株式保有特定会社の資産から株式を除き，さらに類似業種比準価額の計算において配当に相当する金額を除いた場合の原則的評価方法で算出される金額（「S1の金額」といいます）と保有株式の相続税評価額から当該評価額と帳簿価額との差額（零ないしマイナスの場合は零）に対する法人税相当額を控除した金額（「S2の金額」といいます）との合計額によって評価することができます。

■株式保有特定会社の判定の注意点

評価会社が，株式保有特定会社に該当する評価会社かどうかを判定する場合において，課税時期前において合理的な理由もなく評価会社の資産構成に変動があり，その変動が株式保有特定会社と判定されることを免れるためのものと認められるときは，その変動はなかったものとして当該判定を行うものとされています（昭58直評5外・平2直評12外・平6課評2-8外・平12課評2-4外・平15課評2-15外改正）。

■持株会社株式に対する税務調査官の狙い

　Ａさんの相続税申告の場合，Ｙ社の株式の相続税評価額の計算において，株式保有特定会社ではなく一般の評価会社として評価計算をしています。判定基準が近接しておりＹ社の資産の相続税評価に誤りがないか，また，課税時期の前に行われた賃貸不動産の購入について疑義がないかどうかがチェックされます。

❷　絵画の相続申告における評価の妥当性，計上の網羅性

■書画骨とう品の評価方法

　書画骨とう品の評価は，売買実例価額，精通者意見価格等を参酌して評価することとされています。しかし，これらの評価は真贋判断も含めて極めて困難なものです。一般的に「美術年鑑」を参考とした評価がいわれますが，保存状態の良いもので顧客に販売する場合の価格を掲載していますので参考価格にすぎません。公売財産評価事務提要によると「書画，骨董その他の美術品の評価は原則として鑑定人に評価を依頼するものとするが，適当な取引事例があり評価可能と認められるときは，その種別，作者別，年代別等による市場価格又は類似品の取引における価格を参考として評価するが，有名品であっても，それらに箱書，奥書，鑑定書等がある場合とない場合，さらに鑑定者の有名，無名等によって，その価格に相当の高低があることに留意を要する」とされています。

■申告の網羅性

　移動が容易な絵画は被相続人の自宅，会社の応接室装飾用のほか美術館等外部への貸出，保管などさまざまに分散される可能性があります。

■絵画がある場合の税務調査官の狙い

　全ての絵画が相続財産として申告書に計上されているか，精通者の鑑定評価は妥当なものかが調査要点となります。調査官は被相続人が所蔵の絵画の美術展出品，画廊，百貨店での絵画の販売記録などの資料情報，登録美術品制度による登録美術品，保管業者などの資料情報による不表現資産の把握がなされま

す。

❸ 親族名義の資産
■家族名義の預金
　相続税の税務調査において必ず問題となるのは家族名義の預金，有価証券の帰属関係です。預金の原資，有価証券取得の原資がどのように形成されたものなのか，過去の相続，贈与によるものなのか，あるいは相続人が自ら得た所得により形成されたものなのかが問われます。

■税務調査の要点
　実地調査の前の机上調査（準備調査）によって被相続人，家族の所得税申告，給与の源泉徴収票，Y社の法人税申告書，財産債務の明細書，法定調書，金融機関の預金取引記録がチェックされています。特に事例の場合，配偶者が後妻であり結婚前後の資産形成について調査されます。また，相続人の実子については相続関係の複雑さから被相続人が生前に対策として贈与あるいは借名資産を形成している可能性についてチェックされます。プライバシーにかかわる事項であり慎重に調査されます。

③ 税務調査に備えて事前に準備する事項
❶ 持株会社株式の評価に対する税務調査の事前準備事項
■賃貸不動産の購入に関する契約書，購入事情
　Y社株式の評価について，株式保有特定会社の判定がボーダーラインに近く極めて近接していることから賃貸不動産の購入動機，取得価額が調査されます。もし賃貸不動産の借入金による取得がなかったらY社株式の評価は株式保有特定会社として，一般の評価会社として原則的評価方法よりも一般的に高い価格で評価されます。したがって物件の購入経緯，収益性，資金収支に合理性があることを議事録等で明確にしておくことが求められます。また，相続後に該当資産の売却があるような場合，特に課税逃れの取得ではないのかという疑義が生じますので事情説明をできる資料の整備が必要とされます。株価評価

において3年前の不動産の購入については取得価額で評価することとされていますので売買契約書，銀行振込依頼書，領収書，銀行預金の支払記録，仲介手数料，登録免許税，不動産取得税，司法書士の登記関係請求書・領収書，登記簿謄本，会社の不動産取得に関する議事録，決算書，申告書，総勘定元帳を準備しておく必要があります。

❷ 絵画の相続申告に対する税務調査の事前準備

■絵画の相続評価鑑定評価書，購入に関する証票を確認する

　絵画の相続評価については，購入先の画廊，百貨店等業者の請求書，領収書，鑑定評価書を準備し，購入時期，購入価格などを明らかにする証票を準備する必要があります。相続税申告における美術品の資産評価は困難が伴いますので真贋評価とともに資産評価鑑定を税務署，監査法人，保険調査機関が依頼するような信頼できる専門機関，業者に頼む必要があります。絵画は需給バランスとともにその保存状態，修復状態によって評価価格が大きく変わってきます。しみ，カビ，やぶれ，色落ち，日焼けは特に致命的に評価が下がります。鑑定機関による資産評価額は買取価格，オークション価格とは全く異なりますので留意する必要があります。

■申告した絵画の網羅性に関する対応

　絵画はその所在が変化します。飾る場所が会社であったり，自宅であったり又は美術館へ貸し出したり，外部の保管業者の倉庫とさまざまに変わります。したがって申告した絵画の網羅性を担保するような資料が必要とされます。これは税務調査のみを念頭に置いた対応ではなく，財産管理として記録をしておく必要があります。税務調査では事前調査で調査資料を収集していますので特に美術品の収集家については美術品台帳を作成し，取得，移動の記録を明確にする必要があります。保管業者に依頼している場合は，業者から定期的に保管明細を入手し保存しておくとよいでしょう。何も記録がない場合は，調査官は自宅，会社，倉庫の内部を見て回り，保管業者への調査をすることとなります。

❸ 親族名義の資産に対する税務調査の事前準備
■親族名義預金の通帳の準備

　相続税の税務調査において，親族名義の資産の帰属性の調査は必ず実施されます。調査官は事前調査，準備調査の段階で金融機関に対し情報提供を求めますので最低でも3年間，大口資産家の場合には10年に及ぶ多額の資金移動について把握しています。被相続人の口座からの多額の出金の行方，相続人の口座への多額の入金の原資など説明できるように被相続人の通帳類を処分せずに保管しておく必要があります。

2　中小企業のオーナー経営者

Q28　自社株と名義株

　故Aさん（相続発生時は85歳）は，X(株)のオーナー社長でした。副社長の長男Bさん（大学卒業後X社に就職，故Aさんと同居）が跡を継ぎ，社長に就任しました。故Aさんの相続税申告は，顧問税理士Pに依頼し，すでに提出済みです。所轄税務署の資産課税部門から税務調査に伺いたいとの連絡がありました。日程を取り決めて，税務調査を受けることを了解しました。当日は上席調査官，調査官の計2人の調査官が長男Bさんの自宅を訪問し，顧問税理士Pが立会いのもと，自社株（借地権）と名義株を中心に調査を進めました。故Aさんの相続財産の概要は次のとおりです。

① 自社株

　X社は自動車部品製造業で名古屋市に本社工場を構えています。

　昭和40年設立で，資本金1,000万円，売上高13億円，総資産価額6億円，従業員数45名の中小企業です。自社株の評価は「中会社の中」で，1株3万円（純資産価額方式で計算すると1株4万5千円）です。

　故Aさん所有の自社株評価　3万円×1万株×70％＝2億1,000万円

　株式総数は1万株で，所有割合は故Aさん70％，長男Bさん20％，次男Cさん（東京都に本店のある銀行に勤務で，東京在住）の妻Dさん4％，従業員Eさん3％，従業員Fさん3％です。

② 金融資産　1億円

③ 土地建物　自宅（土地・建物）7,000万円

　　　　　　本社工場の土地　2億円（建物はX社名義）

④ 親族図

第4章　被相続人のタイプ別　税務調査事例

```
                故 A ─────── 配偶者
              （被相続人）        80歳
                   │
         ┌─────────┴─────────┐
配偶者 D ─── 次男 C          長男 B ─── 配偶者
  50歳      53歳            57歳        52歳
                              │
                     ┌────────┴────────┐
                   孫 22歳            孫 27歳
                  （大学生）        （X社に勤務）
```

A

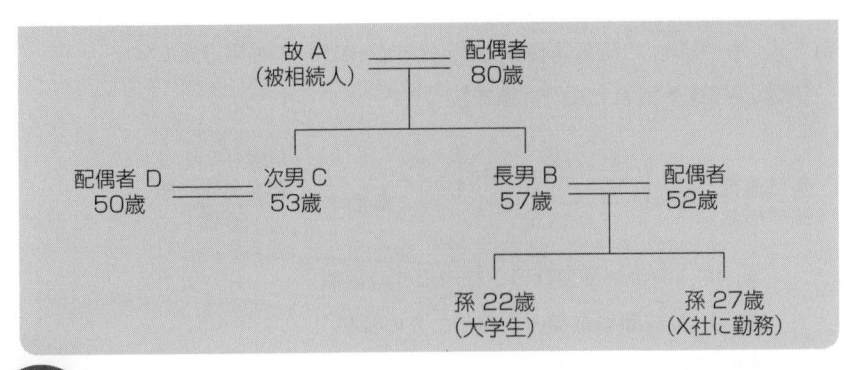

1　税務調査官の狙い

今回の税務調査は，「自社株（借地権）」と「名義株」の2項目を重点項目として調査を受けました。

❶　自社株（借地権）

自社株計算の中で，この事例は原則的評価方法を採用しています。類似業種比準価額方式と純資産価額方式を併用します。特に純資産価額方式による純資産価額の構成内容が調査官の狙いです。

❷　名義株

次男Cの妻D，従業員E，従業員Fの各々の持株割合が4％，3％，3％です。これらの持株は，名義株に該当するか該当しないかの事実関係を深く調査することが調査官の狙いです。

2　税務調査の具体的な方法

❶　自社株の評価

■自社株とは

X(株)は，製造業であり会社規模は「中会社の中」なので，類似業種比準価

額方式（L＝0.75）と純資産価額方式（1－L＝0.25）の併用方式です。

【類似業種比準価額方式の計算式】

$$\text{類似業種比準価額} = A \times \frac{\frac{ⓑ}{B} + \frac{ⓒ}{C} \times 3 + \frac{ⓓ}{D}}{5} \times \text{斟酌率} \times \frac{1\text{株当たりの資本金等の額}}{50\text{円}}$$

ⓑ，ⓒ，ⓓは評価会社の1株当たりの価額

B，C，Dは類似業種の1株当たりの価額

斟酌率＝事例は「中会社」なので0.6

なお，上記ⓓ／Dは「簿価純資産価額」です。具体的には，直前期末における1株当たりの簿価純資産価額であり，直前期末の資本金等＋直前期末の利益積立金（法人税別表五（一））から1株当たりの金額を算出します。

したがって，類似業種比準価額方式の算式項目である純資産価額は，簿価純資産のことであり，下記の純資産価額方式の純資産価額とは計算方法が異なります。

調査官の狙いは，この類似業種比準価額ではなく，次の純資産価額方式による純資産価額です。

【純資産価額方式の計算式】

$$\text{純資産価額} = \frac{\left(\begin{array}{c}\text{相続税}\\\text{評価額}\\\text{による}\\\text{資産の}\\\text{合計額}\end{array} - \begin{array}{c}\text{負債}\\\text{の合}\\\text{計額}\end{array}\right) - \left(\begin{array}{c}\text{相続税}\\\text{評価額}\\\text{による}\\\text{資産の}\\\text{合計額}\end{array} - \begin{array}{c}\text{負債}\\\text{の合}\\\text{計額}\end{array}\right) - \left(\begin{array}{c}\text{帳簿価}\\\text{額によ}\\\text{る資産}\\\text{の合計}\\\text{額}\end{array} - \begin{array}{c}\text{負債}\\\text{の合}\\\text{計額}\end{array}\right) \times 42\%_{(\text{注})}}{\text{発行済株式数}}$$

（注）平成22年10月1日～平成24年3月31日の間は45％です。

■自社株（借地権）と税務調査官の狙い

税務調査官の狙いは，類似業種比準価額方式ではなく，純資産価額方式による純資産価額の構成内容に焦点を当てます。

資産及び負債について，「相続税評価額」を用いて評価することとなります。特に，資産について評価差額が大きく算出される場合がありますので要注意で

す。
　この事例の場合については，資産項目の中の「借地権」に調査の焦点が当てられました。

❷　借地権の評価
■「土地の無償返還に関する届出書」がある場合の税務調査官の狙い
　X社が所有する本社工場の敷地になっている土地は，X社が地代の支払いをすることで故Aから借りていました。
　X社と故Aは，権利金等の収受をせずに土地の賃貸借契約を結んでおり，かつ，年間の実際の地代の金額が相当の地代に満たないため，X社の納税地の所轄税務署長に「土地の無償返還に関する届出書」を提出しています。
　純資産価額方式による純資産価額の計算上，借地権の問題点を指摘する場合の調査官の狙いは次のとおりです。

　＜借地権の評価＞
　　・「土地の無償返還に関する届出書」の提出があったか
　　・権利金の収受が行われていたか
　　・相当の地代を支払っていたか

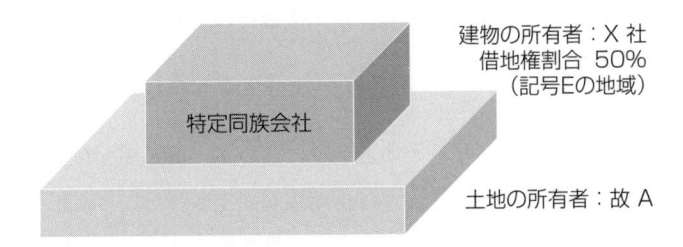

建物の所有者：X社
借地権割合　50％
（記号Eの地域）

特定同族会社

土地の所有者：故A

無償返還の届出提出	個人		法人
	地代の収受	土地の評価額	借地権等
有	相当の地代の支払いがある場合	貸宅地 （土地の自用地価額－20％）	20％
有	有償	貸宅地 （土地の自用地価額－20％）	20％
有	無償	自用地 （土地の自用地価額－0％）	0％
無	相当の地代の支払いがある場合	貸宅地 （土地の自用地価額－20％）	20％
無	有償	貸宅地 （土地の自用地価額－50％）	50％
無	無償	貸宅地 （土地の自用地価額－50％）	50％

■借地権評価と税務調査官の狙い

【「土地の無償返還に関する届出書」の提出】

　土地の無償返還に関する届出書とは，法人が借地権の設定等により他人に土地を使用させた場合で，その借地権の設定等に係る契約書において将来借地人等がその土地を無償で返還することが定められている場合に，これを届ける手続きです。この届出を提出した場合には，借地権の認定課税は行われないこととなります。

【権利金等の収受】

　通常，権利金を収受する慣行がある地域において，個人が所有する土地を法人に賃貸し建物等を建築させたときは借地権が設定されたことになります。その場合に，権利金の収受が行われていないと借地権の認定課税が行われます。

　ただし，下記の場合には認定課税は行われません。

① 相当の地代の収受が行われている

② 「土地の無償返還に関する届出書」を遅滞なく提出している

❸ 名義株

■名義株の疑いがある場合の税務調査官の狙い

名義株とは、親族や他人の名義を借用して株式の引き受けや、払い込みがされた株式で、一般的に株式に対する実際の所有者と株主名簿上の株主が相違するような場合を指します。

平成2年に商法が改正されるまでは、株式会社を設立するときの発起人の最低必要人数が7人とされていたことから創業者だけではなく、家族や親戚、友人、従業員などの名前を借りるといったことが原因となっています。これは相続税対策などのために他人の名義を借用する場合も挙げられます。

■X社の株主構成と税務調査官の狙い

X社は創業時からの従業員EとFがおり、会社の設立時からそれぞれ3％ずつ株式を所有しています。次男Cの妻Dは、3年前に故Aより贈与により取得したもので、贈与税の申告は行っています。

X社の株主構成から税務調査の内容は下記のとおりです。

① 会社設立時の株式の払い込み状況は客観的に判定が可能か
② 株券を発行しているか。発行している場合には誰が所有しているか
③ 株主名簿に記載のある方は、株主であることの認識があるか
④ 配当が行われている場合、その配当は誰が受け取り、支払調書の名前は誰になっているか
⑤ 被相続人とその他の株主との関係
⑥ 株主総会における議決権の取扱いと行使の状況
⑦ 贈与により株式を取得した方は贈与税の申告を行っているか

■名義株の税法上の取扱い

法人税法基本通達1-3-2に「『株主等』は、株主名簿、社員名簿又は定款に記載又は記録されている株主等によるのであるが、その株主等が単なる名義人であって、当該株主等以外の者が実際の権利者である場合には、その実際の権利者を株主等とする。」とされています。

したがって、上記の観点から総合的に実際の株主を確認する必要があります。

③ 税務調査に備えて事前に準備する事項

❶ 借地権評価に対応する税務調査の事前準備事項

■賃貸借契約書と権利金の領収書等を確認する

　個人が所有する土地を法人が使用するために，その法人が建物等の建築時に個人との間で締結した賃貸契約書や契約時の権利金の領収書等から，契約時の土地の地代の金額や権利金の収受等があったのかを調査します。

　また賃貸借契約時から相続発生時までの間に土地時価の変動・固定資産税の負担額の増減等を理由に，地代の見直しを行っている場合には，地代改定の契約書などを確認する必要があります。

■提出した「土地の無償返還に関する届出書」を確認する

　個人の所有する土地を法人が使用することを目的とする賃貸契約書の締結時に権利金の収受等を行わなかったため，あるいは土地の使用貸借契約を結んでいる場合で，法人の納税地の所轄税務署長に「土地の無償返還の届出書」を提出している場合には，その控えを確認する必要があります。

■現物の確認と地代の滞納がないかを確認する

　賃貸契約書や領収書等の資料だけでは，どのように土地を使用して，建物等の敷地に使用されているのかは判断できないこともあります。特に未登記の建物等や駐車場の場所，契約書に記載のない土地の使用がないか等を，実際の土地を見て確認する必要があります。

　また賃貸人指定の地代の入金口座や，法人の元帳を遡って確認することで，きちんと賃貸人名義の口座に地代の入金があったか，過去の地代の滞納金額がなかったかを確認することも大切です。

❷ 名義株主に対応する税務調査の事前準備事項

■株主名簿と株式出資・購入資金の記録資料

　法人税法基本通達1-3-2でも税法上の株主等は「株主名簿，社員名簿又は定款に記載又は記録されている株主等によるものであるが，……その実際の権利者を株主等とする」とあります。

会社の設立当初から株主名簿に記載されている株主等がいる場合や，株主名簿そのものがない場合には，名義を借りたときの覚書等や配当金の受取人等から実際の権利者の把握が必要となります。

■贈与や譲渡があった場合の契約書等を確認する

贈与や譲渡によって名義変更をしている場合には，その時の贈与契約や売買契約書を確認する必要があります。ただし，契約書の確認だけでなく，名義変更後贈与者等が引き続き配当金を受け取っている場合や，贈与税又は譲渡所得税の申告を行われているかを確認することも大切です。

なお，株主の変更にあたっては，会社の議事録の作成の有無も確認しておく必要があるでしょう。

Q29 貸付金債権

　故Aさん（相続発生時80歳）は，(株)X及び(有)Yの社長でした。長男Bさん（(株)Xの専務取締役）が跡を継ぎ，両社の社長に就任しました。故Aさんの相続申告は，顧問税理士Kに依頼し，期限内に申告済みです。相続開始日から3年経過する頃に所轄税務署の資産課税部門から顧問税理士Kに税務調査の依頼の連絡がありました。顧問税理士Kは長男Bさんと日程を取り決めて，税務調査を受けることを了解しました。調査当日は上席調査官，調査官の計2人の調査官が長男Bさんの自宅を訪問し，顧問税理士Kが立会いのもと，貸付債権を中心に調査を進めました。故Aさんの相続財産の概要は次のとおりです。

① 自社株　(株)X

　(株)Xの株主はAさんが100％所有者です。

　(株)Xは食品製造業で，資本金3,000万円，売上高5億円，総資産2億円，従業員20名の中小企業です。

② 自社株　(有)Y

　(有)Yの株主はAさん50％所有，長男Bさん50％所有です。

　(有)Yは飲食店を経営していました。近隣にライバル店舗が出店し業績悪化に伴い，3年前に閉店し，休業中です。

　資本金300万円，売上高0円，純資産△2,700万円です。

　(有)Yは設備資金及び運転資金としてAさんからの借入金1,000万円及び(株)Xからの借入金2,000万円があります。

(有)Y　相続開始日の直前期末の貸借対照表

資産の部		負債の部	
科目	金額	科目	金額
売掛金	300万円	借入金　Aさん	1,000万円
		借入金　㈱X	2,000万円
		負債の部合計	3,000万円
		純資産の部	
		資本金	300万円
		利益剰余金	△3,000万円
		純資産の部合計	△2,700万円
資産の部合計	300万円	負債及び純資産合計	300万円

売掛金300万円は休業時からのもので回収不能です。

③　金融資産　1億円

④　土地建物　自宅（土地・建物）8,000万円

　　　　　　　㈱X社の土地　1億円（建物はX社名義）

A

1　税務調査官の狙い

今回の税務調査は，Aさんの(有)Yへの貸付金1,000万円と3年前に(有)Y社に債権放棄した3,000円万及び㈱Xから(有)Yへの貸付金2,000万円を重点項目として調査を受けました。

①　Aさんが債権放棄した3,000万円の事実認定（Aさんが債権放棄したことによるBさんへの贈与の問題）

②　Aさん及び㈱Xの(有)Yへの貸付金の評価

2 税務調査の具体的な方法
❶ 債権放棄の事実認定

債権放棄は当時の(有)Yの顧問税理士Nの提案で青色欠損金額の範囲内で行われていました。

調査官は，債権放棄の根拠資料の提示を求めました。これに対しては，(有)Y保存の「債権放棄通知書」にAさんの署名押印があり，公証人役場での確定日付もありました。

税務調査官の狙いは，債権放棄の事実確認です。税務調査当日に確認してもらうのがベストです。今回のケースは債権放棄が3年前ですので法人税の申告も益金処理ができていますが，進行事業年度の場合は，記名ではなく自署及び確定日付をお勧めします。一番大切なことは，債権放棄ができる意思判断能力の有無です。

また，債権放棄に伴い放棄者以外の株主への株式の評価額の増加に伴う贈与の課税が生じる可能性もあります。今回のケースでは債権放棄後の株式評価額が0円ですので影響しませんでした。

❷ 貸付金の評価

Aさんの(有)Yへの貸付金及び(株)Xの株式評価の純資産価額の計算上も(有)Y社への貸付金は0円として計上しました。

根拠条文は財産評価基本通達（貸付金債権等の元本価額の範囲）205によります。同通達では，貸付金債権等の評価を行う場合において，その債権金額の全部又は一部が，課税時期において次に掲げる金額に該当するときその他その回収が不可能又は著しく困難であると見込まれるときにおいては，それらの金額は元本の価額に算入しない（平12課評2-4外改正）とされています。

　① 債務者について次に掲げる事実が発生している場合におけるその債務者に対して有する貸付金債権等の金額（その金額のうち，質権及び抵当権によって担保されている部分の金額を除く）。

　　イ　手形交換所（これに準ずる機関を含む）において取引停止処分を受け

たとき
- ロ　会社更生手続の開始の決定があったとき
- ハ　民事再生法（平成11年法律第225号）の規定による再生手続開始の決定があったとき
- ニ　会社の整理開始命令があったとき
- ホ　特別清算の開始命令があったとき
- ヘ　破産の宣告があったとき
- ト　業況不振のため又はその営む事業について重大な損失を受けたため、その事業を廃止し又は6ヶ月以上休業しているとき

② 再生計画認可の決定，整理計画の決定，更生計画の決定又は法律の定める整理手続によらないいわゆる債権者集会の協議により，債権の切捨て，棚上げ，年賦償還等の決定があった場合において，これらの決定のあった日現在におけるその債務者に対して有する債権のうち，その決定により切り捨てられる部分の債権の金額及び次に掲げる金額

- イ　弁済までの据置期間が決定後5年を超える場合におけるその債権の金額
- ロ　年賦償還等の決定により割賦弁済されることとなった債権の金額のうち，課税時期後5年を経過した日後に弁済されることとなる部分の金額

③ 当事者間の契約により債権の切捨て，棚上げ，年賦償還等が行われた場合において，それが金融機関のあっせんに基づくものであるなど真正に成立したものと認めるものであるときにおけるその債権の金額のうち②に掲げる金額に準ずる金額

❸ 貸付金債権と税務調査官の狙い

調査官の狙いは(有)Yの売掛金300万円の回収可能性です。もし回収可能とすれば，Aさんの貸付金1,000万円のうち100万円が相続財産となり，(株)Xの貸付金2,000万円のうち200万円が(株)Xの株式評価の純資産価額の計算で加算されます。

今回のケースでは，上記通達の，❷①ト「業況不振のため又はその営む事業について重大な損失を受けたため，その事業を廃止し又は6ヶ月以上休業しているとき」の適用を受けました。

3 税務調査に備えて事前に準備する事項
❶ 債権放棄に対応する税務調査の事前準備事項
■債権放棄の根拠資料を確認する

債権放棄は債権者一方の行為として成立しますので，「債権放棄通知書」等の書式を事前に確認します。書類の所有者は債務者となります。

中小企業のオーナーは自社に貸付金をすることがよくありますので，金銭消費貸借契約書等の債権に関する書類も確認します。

■債務の根拠資料を確認する

中小企業のオーナーには逆に自社からの債務が存在する場合もよくあります。法人の総勘定元帳でオーナーに対する債権を確認し，法人からオーナーに出金している場合は，オーナーの預金通帳の入金も確認します。

❷ 貸付債権の評価に対応する税務調査の事前準備
① 財産評価基本通達（貸付金債権の評価）204及び（貸付金債権等の元本価額の範囲）205の根拠資料の確認をする。
② 複数の法人が存在する場合には，各社の財務内容，財産評価による含み益及び含み損の額を確認する。
③ 不動産を所有する法人の場合，金融機関等の抵当権等の優先債権を確認する。

第4章 被相続人のタイプ別 税務調査事例

Q30 不表現資産と関係会社債権債務

　医師であった被相続人Aさん（74歳）は、昭和39年に個人病院開院後、増床と従業員増加に伴い昭和58年に法人成りし、B医療法人の理事長に就任していました。患者や従業員たちからの信頼も厚く、医院を順調に成長させ高額納税者の常連でした。相続発生後は分割協議もスムーズに進み、申告納税を滞りなく済ませました。

　申告後1年近く過ぎて、所轄税務署の資産課税部門の特官付上席調査官から、税務調査に伺いたい旨、また相続人全員にお話をお伺いしたいとの連絡を受けました。調査当日は、特別調査官と上席調査官の2人で被相続人と長男Dさんが居住していた二世帯住宅を訪問し、申告を担当した顧問税理士P立会いのもと、税務調査が行われました。調査官は、被相続人及び相続人全員の過去の所得の状況や金融資産を中心に聞き取り調査を進めました。なお、親族関係図及び被相続人Aさんの申告財産の概要は次のとおりです。

　＜相続人C～Fの関係図＞

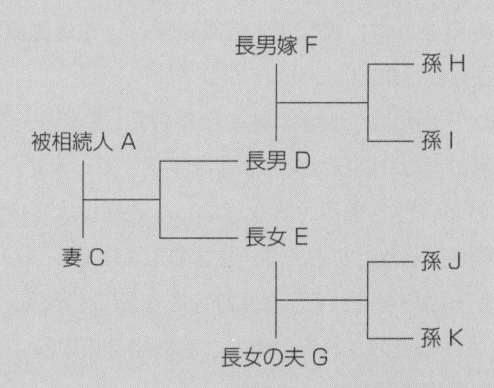

```
                          長男嫁F ─┬─ 孫H
                                   │
                          ┌────────┴─ 孫I
被相続人A ──┬── 長男D ─┤
            │            │
            │            └─ 長女E ─┬─ 孫J
            妻C                     │
                          長女の夫G ─┴─ 孫K
```

① 土地（自宅敷地、医療法人建物敷地及び駐車場）　　　　4億円
② 建物（自宅）　　　　　　　　　　　　　　　　　　5,000万円
③ 医療法人よりの退職金及び弔慰金　　　　　　　　　　　3億円

④	医療法人よりの未収金	1,000万円
⑤	金融資産（本人名義）	4億円
⑥	金融資産（家族名義）	1億円
⑦	医療法人の出資金	2億円
⑧	手許現金	300万円
⑨	ゴルフ会員権及び書画骨董	1,800万円
⑩	葬式費用及び未払債務	2,000万円

⑪ その他補足事項

　i 被相続人Aさんは、過去に無記名債権を所有していましたが、当該商品が廃止され乗り換えができなくなった際、妻と長男及び長女に分け与えました。その後3人がその無記名債の換金資金を貯蓄したのかあるいは費消したのかについては関知していません。

　ii 妻Cさんは、個人病院当時青色専従者として受けた給与（当時医院の税務調査で高額過ぎると必要経費算入を否認されたものも含む）のほかに、実家父からの相続財産を取得しています。

　iii 長男Dさんは、被相続人の後継者としてB医療法人の理事長に就任しました。

　iv 長女Eさんは、大学卒業後数年のOL勤務を経て、事業家G氏に嫁いでおり現在は夫の事業を手伝っています。

　v 孫Hは、昨年医師免許を取得し、現在は大学病院で勤務医として働きだしたところです。生まれて間もない頃から被相続人Aさんから贈与を受けていた預貯金を社会に出る際、親権者である父Dさんから渡されています。なお贈与の申告は、父Dさんによって適切に行われています。

　vi 孫Iにも、Hと同様に子供の頃から被相続人Aさんからの贈与が続けられ親権者Dさんによって申告も行われていますが、まだ学生なので当該預金の通帳並びに印鑑は、父Dさんが預かっ

> たままです。
> vii 被相続人Ａさんは，孫ＪとＫにも長年金銭贈与を続けていますが，長女の夫Ｇ氏の事業がうまくいっておらず，長女Ｅさんの持参金も事業資金に使われているため，孫ＪとＫのために贈与した金銭までも不振事業に使われるのを危惧し，被相続人Ａさんの手許で通帳や印鑑を管理しています。贈与の申告も，被相続人Ａさんによって行われています。

A

1 税務調査官の狙い

　調査官の目的は，毎年税務調査で申告漏れ財産の過半を占めている不表現資産の把握と，関係会社との間の債権債務金額の確認にあるようです。

❶ 申告されていない名義預金があるのでは？

　形式的には妻子や孫名義になっている預金であっても，実質的には被相続人の財産に該当すると判断されるもの（名義預金）があります。

　被相続人名義の財産だけを申告すればよいと誤解している納税者も相当数います。また生前贈与を申告してないがもうとっくに時効が過ぎていると思っていたところ，贈与実施の成立事態を否認されもともと時効が開始されていなかったと判断される場合もあります。

　それに意図的な申告漏れとして，重加算税の適用になる例も多くありますので，相続税の税務調査のメインはこの不表現資産の調査です。

（注）　土地や建物などその所有関係が明らかな資産は表現資産と呼ばれ，現金，預金，有価証券，公社債等のように明らかとはいえない資産は不表現資産と呼ばれています。

❷ 同族法人に対する申告漏れ債権はないか？

　オーナーと同族法人の間で金銭のやりとりが行われる場合は，どうしても第三者間よりもルーズになりがちです。そこで報酬や賃料等について相続開始の時点の債権債務は正しく把握申告されているかについても，中小企業オーナーの場合には，必ず調査されます。

❸ 役員に対する退職手当等及び弔慰金と出資金の評価は適切か？

　被相続人の死亡により受ける金品が退職手当等に該当するか？　相続税負担を軽減するために，退職手当を便宜的に弔慰金と称して支給していないか？　弔慰金として非課税の取扱いは妥当か？　またこれらの支給額は，医療法人の出資金の評価額算定上，適切に処理されているか？　等について確認します。

2 税務調査の具体的な方法—名義預金の調査

❶ 机上の準備調査

　被相続人及び家族の所得税の確定申告書，過去の贈与の申告書，財産債務の明細書，法定調書，情報資料，一般取引資料箋，重要資料箋，時にはタレこみ資料などの税務署内部資料と提出された相続税申告書の内容から判断して預貯金の申告額は妥当かをチェックします。

　また提出された申告書から把握された，全ての人名の全ての銀行，信託銀行，証券会社，郵便局等から得た照会文書回答で，各名義人ごとの相続時点での残高と相続開始前5～10年の取引を追い，預貯金の動きや資産売買等の状況を把握します。具体的には，振替による入出金先や，定期預金の満期金の預け替え先が相続人口座ではないか？　大口の出金はどのような財産に転化されたか等を確認します。

■被相続人及び各相続人別の財産状態推移表

　被相続人及び相続人の生前の所得状況から判断して，預貯金の有高は妥当な範囲にあるか否かを，次のように確認します（図1）。

第4章 被相続人のタイプ別 税務調査事例

図1　被相続人及び各相続人別の財産状態推移表

年度	各種所得		合計所得	分離所得	所得税及び住民税	社会保険料	キャッシュアウトのない控除等	申告不要配当	消費率	可処分所得	その他の入出金	公定歩合%	税引後利息	預貯金理論上残高
S														
H														

前年末残高に各年のキャッシュ増加額を加算

■被相続人及び各相続人別の金融資産異動状況確認表

　相続開始前5～10年間の金融資産異動状況（事例のような大口の案件では10年）を追跡把握しています。被相続人のある口座から出金があり，同時期に相続人の口座に入金があれば，贈与の申告は行われているか？　あるいは被相続人の相続財産ではないか等の確認を行います（図2）。

図2　被相続人及び各相続人別の金融資産移動状況確認表

(単位：千円)

年月日	被相続人									妻		子A		子B		備考
	△証券／△支店 特定口座		○銀行／○支店 (普)口座No.		○銀行／○支店 (定)口座No.											
	入金	出金	入金	出金	入金	出金	入金	出金	入金	出金	入金	出金	入金	出金	入金	出金	
H24.10.1		×××	×××														東レ3,000株売却代金
H24.12.3			6,000	6,000		6,000					2,000		2,000		2,000		定期満期金を相続人口座へ

-99-

■名義預金の判定基準

　次のいずれかの基準に該当すると名義借用資産であり，名義人と実質所有者は異なると判断される可能性があります。

① 元始資金（原資ともいいます）は誰のものか
② 使用収益できるのは誰か，預金通帳や証書や印鑑は日頃どこに保管され，またその印鑑は誰のものか
③ 利子等の受取人は
④ 金融機関等からの通知はどこへ送達されるのか
⑤ 贈与の申告は行われているか

贈与と時効

　贈与には，民法上の贈与と相続税法独自の観点から設けられたみなし贈与がありますが，名義預金の贈与の時効については，前者の民法上の贈与が成立して，申告期限から通常6年（重加算税対象は7年）以上経過しているかどうかが問題になります。

　民法上の贈与については，民法第549条で「贈与は，当事者の一方が自己の財産を無償で相手方に与える意思表示をし，相手方が受諾することによって，その効力を生ずる。」とされており，贈与者の贈与の意思表示と受贈者側の受贈の意思表示の合致により成立する諾成行為であることが特徴です。したがって親（贈与者）が一方的に子（受贈者）に贈与しようと考え，子供名義の預金を作り何年経過しても，贈与は成立しているといえず，したがって税務上の時効も成立していないことになります。

　なお，贈与成立の時期に関しては，相続税法基本通達1の3・1の4共-8（財産取得時期の原則）で，書面によるものについてはその契約の効力が発生した時，書面によらないものについてはその履行の時と定められています。

　また贈与が履行されたと判断される要件は，①贈与者から受贈者に預金等が引き渡されること，その後②受贈者に完全な使用収益権が確保される（通帳，カード，印鑑等当該預金の入出金及び解約等を自由に行う権利が受贈者の手に渡る）ことの2点です。

この事例の場合，無記名債権の贈与については，成人である妻子に引き渡され，その後は本人たちが自由に使用収益できる状態になっていたので，贈与の申告をしてあるか否かについて明らかではありませんが，当時民法上の贈与は成立していると考えられます。ですから相続人によって費消されてしまっているか，相続人による運用の成功や失敗の結果として残ったものについてはおとがめなしとなるでしょう。しかし手つかずで金庫等に保管されており現物がそのままあるとなると，相続税調査では現物確認が重視されるため贈与の時効を主張することはかなり難しくなります。

　孫HとIに対する贈与については，被相続人Aさんとの贈与の受諾契約に応ずることが困難な幼少期から贈与を受けているようですが，長男Dさんが親権者として贈与の受諾契約を子の代理として行い，その財産を管理しているので，この贈与は成立していると考えられます。

　孫JとKに対する贈与は，孫たちのみならず親権者であるEさんにも贈与財産は引き渡されておらず，被相続人Aさんの手許で管理されていたということなので，贈与が成立していたとは言い難い状況です。もし贈与契約書（親権者の自署捺印があり，確定日付がとられているもの）が作成されており，いったん親権者であるEさんに通帳等が引き渡され，適正に贈与申告も行われた後から，Aさんが預かった等の特殊な状況を客観的に証明できるのであれば別ですが，調査官は簡単には納得しません。

　このほかに贈与ではありませんが，配偶者Cさんが専従者として受けていた給与について，所得税の調査において過大であるとの否認を受けているようです。これは労務の提供内容や署管内の別の専従者給与額との比較等において，必要経費算入を認められなかったというだけで，給与の支給そのものを否認する理由にはなりません。したがって給与の支給額が蓄積された預金は，配偶者本人に帰属する預金と主張する必要があります。

■生前贈与の留意点

【贈与契約書を作成すること】

　書面契約書の作成は，民法上贈与成立の絶対条件ではありませんが，贈与

日，贈与者，受贈者，財産の種類と数量を明確にしておくことは後日の税務調査等でのトラブルを防ぐために重要です。

【贈与内容を履行すること】

たとえ書面で契約されていても，それが履行されていなければ，贈与の真実性を疑問視されてしまいますので，親から子や孫への資金贈与であれば，銀行振込等で証拠を残しておくべきでしょう。

【受贈者（又はその親権者）が，受贈資金等の管理支配を行うこと】

受贈者による受贈資金の管理支配基準が最も重要といっても過言ではありません。受贈者固有の印鑑を届出印とし，受贈者の住所地の金融機関の口座を使い，受贈者が管理支配していたと認定される状態にしておくことです。

【受贈者による自由な使用収益権の行使が保障されること】

贈与後は贈与者の意向に関係なく，受贈者のみの意思で自由に他の金融機関へ預け替えすることも可能であり，解約出金等の処分も自由な状態にあったと証明できることも大切です。

【連年贈与】

毎年定額を定期に贈与し続けると，それらの合計額の贈与を計画し分割して渡したとみなされる場合があります。そのように判断されると大きな金額の一度の贈与のため超過累進税率ランクが上がり多額の贈与税になってしまいますので，金額や時期をバラつかせる配慮をします。

【贈与税の申告を行うこと】

贈与申告それ自体が民法上の贈与契約成立と直接因果関係を有するわけではありませんが，贈与の証（実績）を明確にしておくという意味があります。

❷ 臨宅調査でヒアリング

被相続人の預金について日頃の入出金は誰の手で行われていたのか？　一定額以上の出金で，支払先が不明なものの使途をヒアリングします。

また相続人の取引金融機関や，口座開設の経緯，使用印鑑，通帳等の保管状況，主な口座の利用目的などについてもヒアリングします。

相続人本人が自己の所得から，金融機関も自分で選定し預け入れたものならはっきり説明できるはず，それができないなら被相続人から作ってもらったのではと考えるのです。

相続人名義の預金口座が，誰の手で開設され，どのように利用されているか，使用印鑑は，保管場所は？　等の把握をすることで名義預金というべきものはないかを相続人固有金融資産一覧表で確認します（図3）。

図3　相続人固有金融資産一覧表

財産種類	金融機関名	口座の名義人	口座開設 年月日	口座開設 開設者	満期書換等諸手続実施者	保管場所	最終記帳日	相続開始日残高	主な口座の動き
有価証券	○○証券／○○支店								
普通預金	△△銀行／△△支店								配当受取，給与振込
定期預金	××銀行／××支店								○×債権償還金入金

❸　反面調査

相続人等と面談してヒアリングした内容や，関係書類の調査の結果だけでなく，取引金融機関等の証拠書類や帳簿書類を突き合わせ検査します。口座開設申込書や，満期書き換え申込書の筆跡は被相続人のものではないか？　また金融機関担当者へ質問し，納税者の説明と一致しているか等の確認を行います。

３ 同族法人との間の債権債務の調査

同族法人の法人税の確定申告書や帳簿等と，相続税の申告内容を突き合わせます。

❶　未収法定果実の評価（財基通208）

課税時期においてすでに収入すべき期限が到来しているもので同時期におい

てまだ収入していない地代，家賃その他の賃貸料，貸付金の利息等の法定果実の価額は，その収入すべき法定果実の金額によって評価します。

❷　前受賃料，預り保証金

未経過分の家賃や，契約終了に返済すべき保証金は債務控除できます。
ただし，契約内容をよく確認しましょう。

4 退職手当金等及び弔慰金の調査

退職金規定，法人の支払明細，議事録及び出資金評価明細書を確認します。

❶　死亡退職金

被相続人の死亡により相続人その他の者が当該被相続人に支給されるべきであった退職手当金，功労金その他これらに準ずる給与で，被相続人の死亡後3年以内に支給が確定したものについては，相続財産とみなされて取得者に対して相続税が課されます（相法3①二）。

退職手当金等の額は，退職給与規定等に基づいて判定されますが，その他の場合には，その被相続人の地位，功労等を考慮し，その被相続人の雇用主等が営む事業と類似する事業におけるその被相続人と同様な地位にある者が受け，また受けると認められる額等を勘案して判定されます（相基通3-19）。

また，その支給の名義のいかんにかかわらず実質上被相続人の退職手当金等として支給される金品は退職手当金等として相続税の課税対象として取り扱われます（相基通3-18）。

❷　退職金の非課税金額

500万円×法定相続人の人数

❸　弔慰金

香典，弔慰金，花輪代，葬祭料等については，社会通念上相当と認められる

金額については，相続税の課税価格に算入しないこととされています。しかし社会通念上相当な金額というのは，判断が難しくなりますので，次の形式基準があります。この基準を超える高額な弔慰金については，退職手当金等として課税されます。

　① 業務上の死亡の場合…普通給与の3年分
　② 業務上の死亡以外の場合…普通給与の6ヶ月分

　ここで，「業務上の死亡」とは，直接業務に起因する死亡，又は業務と相当因果関係があると認められる死亡をいうものとされます（相基通3-22）。

　なお，労災保険法等の規定による弔慰金等については，その支給が他の法律等に基づいて定められていることから，恣意性の介入の惧れがなく，社会通念上においても相当なものと判断されます（相基通3-23）。

❹ 出資金の評価

　純資産価額の算定上，死亡退職金は負債の部に計上できますが，弔慰金はできません。

　また，その死亡退職金が被相続人の死亡を保険事故として，評価会社が受け取った生命保険金を原資として支払われる場合は，その支払われる予定の生命保険金の額を生命保険金請求権として資産の部に計上します。この場合，その生命保険にかかる掛金が資産計上されているときは，その金額を帳簿価額から控除して総資産価額を算出します。

　負債の部に計上した死亡保険金より，生命保険請求権の方が多額となり，保険差益が発生する場合には，その保険差益について法人税等が課されることになるときは，その法人税額等に相当する金額についても負債に計上します。

　なお，評価会社が欠損法人の場合には，保険差益から繰越欠損金を控除した金額に基づき，法人税等相当額を計算します。

5 税務調査に備えて事前に準備する事項

❶ 不表現資産に対する税務調査の事前準備事項

■調査官と同レベルの情報を収集する

　調査官は，相続税の調査（被相続人夫婦の一生の財産蓄積の精算）を1・2日の短期間で行うため，机上の準備調査7割，実地調査3割といわれるほど，しっかり調べてからやってきます。そのような調査官の質問に答えるべき相続人は何年あるいは何十年も前のことでうろ覚え，立会税理士は何も知らずちんぷんかんぷんでは，納税者にとって不利な事実誤認という結果になってしまう可能性も充分あります。

　そこで調査を受ける側でも過去の経緯を確認しておくべきです。このためには調査直前というよりも，申告前に名義預金の有無を確認する際，前項税務調査の具体的な方法に掲げた「被相続人及び各相続人別の財産状態推移表」「被相続人及び各相続人別の金融資産異動状況表」「相続人固有金融資産一覧表」を，精度は案件に応じて適宜調整して作成しておく必要があります。そして調査直前では，その内容を税理士と納税者が一緒に再確認します。要は調査官が確認することは，調査を受ける側でも調べた上で申告することで，税務調査のトラブルを避けられるのです。

❷ 同族法人との間の債権債務確認調査の事前準備事項

　まず，相続開始直前期の確定決算に基づく債権債務残高を証する勘定科目内訳書と，その金額と相続税の申告書記載の金額をつなぐ総勘定元帳を準備します。さらに役員報酬等なら給与台帳や報酬規程，貸付金や利息等なら金銭消費貸借契約書並びに議事録，不動産等の賃料なら賃貸契約書など，同族法人と役員との間の取引が適正であることを説明できる資料を揃えておきます。

❸ 退職手当金等及び弔慰金の調査の事前準備事項

　退職給与規定，慶弔金規定，支払明細，取締役会議事録など，支給金額の根拠を説明する資料を準備しておきます。

第4章　被相続人のタイプ別　税務調査事例

Q31 生前贈与・売買

　故Aさんは自動車部品の製造会社X社のオーナー社長でした。先代から引き継いだ会社を大きく飛躍させ、海外にも現地子会社Y社を設立して現地生産体制を確立したAさんは、次の事業承継者として長男CさんをX社に就職させ次期社長として着々と経営実務の経験、実績を積み上げていました。1年ほどの闘病生活の後に亡くなりました。相続発生時はちょうど経済変動後の株価下落時にX社の株式をCさんDさんに生前贈与、売買し株式承継対策を完了させた矢先のことでした。相続申告を法定期限内に済ませ、納税も完了して1年半ほど経った時に所轄の税務署、資産課税部門担当官から税務調査の事前通知を受けました。1日ほど故Aさんの自宅でCさんの母親、Bさんとともに調査を受けることとなりました。調査官は、X社株式の生前贈与、売買取引、海外現地法人Y社とAさんが生前に株式の売買を行っていたことからこれらの項目を中心に調査を進めました。故Aさんの相続財産の概要及び親族関係は次のとおりです。

① 土地建物　1億円

② X社株式　2,700万円

　　X社は資本金5,000万円、売上高26億円、総資産価額25億円、従業員数120名の中小企業です。自社株の評価は「大会社」で1株9万円（生前贈与、売買時点の株価は類似業種比準価格で1株8,000円）です。発行株式総数は10,000株で、所有割合は故Aさん3％、Bさん2％、Cさん65％、次男Dさん30％です。

③ 金融資産　1億円

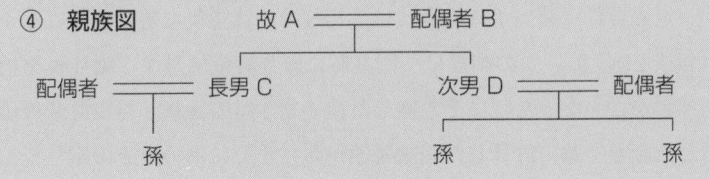

④ 親族図

```
              故A ━━━ 配偶者B
               ┌──────┴──────┐
配偶者━長男C            次男D━配偶者
    │                    │         │
    孫                   孫        孫
```

A

1 税務調査官の狙い

今回の税務調査は,「株式の生前贈与」と「株式の売買」の2項目を重点として調査を受けました。

❶ 株式の生前贈与

相続開始前3年以内に被相続人から贈与を受けた時には,その贈与によって取得した財産は相続財産の課税価格に加えて申告します。したがってX社株式の生前贈与の時期,及び贈与者の意思表示,判断能力が調査要点となります。

❷ 株式の売買

X社株式の時価が下落した時点での被相続人と相続人との間の株式売買について,その実在性,法的有効性,経済的合理性,売買価格の適正性,及び契約当事者の判断能力,意思確認が調査要点となります。

2 税務調査の具体的な方法

❶ 株式の生前贈与

■生前贈与のみなし課税,相続時精算課税の場合の税務調査官の狙い

相続又は遺贈により財産を取得した者が,その相続開始前3年以内に,その相続に係る被相続人から財産の贈与を受けたことがある場合には,その者についてはその贈与によって取得した財産の価額を相続税の課税価格に加算した価額を相続税の課税価格とみなします（相法19①）。

また,贈与税の課税制度には,「暦年課税」と「相続時精算課税」の2つがあり,一定の要件に該当する場合には,相続時精算課税を選択することができます（相法21の9）。この制度は,贈与時に贈与財産に対する贈与税を納め,その贈与者が亡くなった時にその贈与財産の贈与時の価額と相続財産の価額とを合計した金額を基に計算した相続税額から,すでに納めたその贈与税相当額

を控除することにより贈与税・相続税を通じた納税を行うものです。贈与者は65歳以上の親，受贈者は贈与者の推定相続人である20歳以上の子（子が亡くなっているときには20歳以上の孫を含みます）とされています（年齢は贈与の年の1月1日現在のもの）。

平成25年度税制改正では，相続時精算課税制度について，贈与者の年齢要件を65歳以上から60歳以上に引き下げ，受贈者に孫を加える拡充措置がされました。

【贈与税額の計算】

相続時精算課税の適用を受ける贈与財産については，その選択をした年以後，相続時精算課税に係る贈与者以外の者からの贈与財産と区分して，その贈与者（親）から1年間に贈与を受けた財産の価額の合計額を基に贈与税額を計算します。その贈与税の額は，贈与財産の価額の合計額から，複数年にわたり利用できる特別控除額を控除した後の金額に，一律20％の税率を乗じて算出します。

(注) 相続時精算課税に係る贈与税額を計算する際には，暦年課税の基礎控除額110万円を控除することはできませんので，贈与を受けた財産が110万円以下であっても贈与税の申告をする必要があります。

【相続税額の計算】

相続時精算課税を選択した者に係る相続税額は，相続時精算課税に係る贈与者が亡くなった時に，それまでに贈与を受けた相続時精算課税の適用を受けた贈与財産の価額と相続や遺贈により取得した財産の価額とを合計した金額を基に計算した相続税額から，すでに納めた相続時精算課税に係る贈与税相当額を控除して算出します。その際，相続税額から控除しきれない相続時精算課税に係る贈与税相当額については，相続税の申告をすることにより還付を受けることができます。なお，相続財産と合算する贈与財産の価額は，贈与時の価額とされています。

いずれにしても，事業承継のために株式の贈与をした場合，「暦年課税」と「相続時精算課税」のいずれかを選択することとなります。準備，実地を含め

ての税務調査では「暦年課税」を選択した株式贈与の贈与日時及びAさん本人の贈与の意思が病状に照らして有効なものか否かに焦点が当てられます。

■贈与時の株式評価に対する税務調査官の狙い

取引相場のない株式贈与時の評価方法は一般の評価会社にあっては財産評価通達に従って評価します（財基通178，179）。昨今の金融危機等に端を発した景気低迷期にあっては中小企業の7割以上が赤字申告をしており，したがって類似業種比準価額が純資産価額を下回る状態となっています。事例のように株価低迷期に生前贈与をするケースが散見されます。税務調査ではこれらの贈与の株式評価の基礎となる直前期の法人の決算内容，配当，利益，純資産の評価要素のうち2要素がゼロにならないかどうかが調査要点となります。

❷ 株式の売買

■みなし贈与の疑いと税務調査官の狙い

個人から著しく低い価額の対価で財産を譲り受けた場合には，その財産の時価と支払った対価との差額に相当する金額が，財産を譲渡した人から贈与により取得したものとみなされます。著しく低い価額の対価であるかどうかは，個々の具体的事案に基づき判定することになります。時価とは，その財産が土地や借地権などである場合及び家屋や構築物などである場合には通常の取引価額に相当する金額を，それら以外の財産である場合には相続税評価額をいいます（相法7，平元直評5外）。事例の場合，AさんからCさん，Dさんへ株式の譲渡をしているわけですから，その売買価格が相続税法第9条にいう著しく低い価額の対価に該当しないか否かが調査の要点となります。また，この売買が実際に行われたものかどうかについても確認されます。

■株式の売買価格と税務調査官の狙い

個人間の取引相場のない株式の譲渡に関しての時価算定は相続税財産評価通達によっていれば「みなし贈与」の課税はありません。したがって税務調査の要点も財産評価通達によったものになっているかどうか，Aさんの本人の贈与の意思が病状に照らして有効なものか否かが焦点となります。

③ 税務調査に備えて事前に準備する事項

❶ 株式の生前贈与に対する税務調査の事前準備事項

■贈与契約書を確認する

　株式の贈与について，調査官は贈与契約書を検証します。贈与者，受贈者名が自筆の署名かタイプ済みのものか，押印は実印か認印か，贈与対象株式，株式数，贈与日付について検証が行われます。特に，Ａさんの場合闘病生活が長く，したがって税務調査官もＡさんの意思能力，判断能力の有無を確かめようとします。病状に関する質問，入院先などを調べ必要ならば医師，介護担当者に連絡して精神障害の有無，状況などの情報収集を図ります。贈与日付前後の病状によっては法律行為の有効無効が争われるケースが相続人間でも生じかねないからです。

■会社決算書，株主名簿を確認する

　株式の評価計算の基礎となる会社決算書，総勘定元帳を準備し，株価評価の判定が適正であるか，株主名簿の登載内容について調査官は検証します。

■入院時死亡時の状況の説明準備

　相続税調査では必ず亡くなった原因を調査官は聞きます。Ａさんの場合，特に闘病生活が長いためその間の法律行為を行う能力，意思能力，判断能力があったかどうか問われます。したがってこれらを説明できるように準備すべきです。

❷ 株式の売買

■株式売買契約書などの取引証憑の確認

　株式の売買について，調査官は売買契約書，銀行振込依頼書，領収書などの関連書類，証票を確かめ取引が真正に行われたものかどうか検証します。特に売り主のＡさんについて自署押印の有無など意思表示能力の外観的検証を行います。

■売買価格算定基礎資料の確認

　株式の売買価格について，その計算根拠資料を調査官は確認します。贈与の

場合と同様に会社決算書,総勘定元帳を検証して確かめます。
■売買契約の有効性についての説明資料の確認
　贈与で述べたことと同様にAさんの売買日付前後の病状についての質問がなされます。不動産取引の裁判例では,意思能力に欠けると認定し,売買契約の無効を判示したケースがあります（東京地判平成20年12月24日判時2044・98）。売買契約当時に必要ならば弁護士などしかるべき第三者の立会いをして行うなどの対策をとることも考えられます。

3　不動産所有の地主

Q32　貸地評価と未収家賃等，名義貸し

　故Aさん（相続発生時は87歳）は代々の地主で，年間の賃貸収入が1億5,000万円あります。長男Bさんは不動産賃貸及び管理業務を行う㈱G管理を5年前に設立して，故Aさん名義の賃貸用土地建物の一部を，売買により1億円で㈱G管理に移し賃貸収入の管理を行っていました。故Aさんの相続税申告は，顧問税理士Oに依頼し，申告期限内に提出済みです。所轄税務署の資産課税部門の上席調査官より税務調査に伺いたいとの連絡がありました。日程を取り決め，税務調査を受けることを了解しました。当日は上席調査官，調査官の計2人の調査官が長男Bさんの自宅を訪問し，顧問税理士Oの立会いのもと，調査官は不動産の賃貸借契約の内容等と賃貸収入の入金方法・入金口座，名義貸し預金を中心に調査を進めました。故Aさんの相続財産の概要は次のとおりです。

① 土地建物
　　自宅（土地・建物）　　　　　　　　　5,000万円
　　W貸地（ショッピングセンターの敷地）　1億円
　　X貸地（駐車場）　　　　　　　　　　6,000万円
　　Yマンション（土地・建物）　　　　　　4億円
　　Zマンション（土地・建物）　　　　　　3億円
② 金融資産　　　　　　　　　　　　　　　3億円
③ 親族図

```
                故A ────── 配偶者
              （被相続人）   85歳
      ┌──────────────┤
配偶者D ── 次男C       長男B ── 配偶者
 51歳      59歳         61歳      55歳
                      ┌────┤
                    孫22歳  孫27歳
```

A

1 税務調査官の狙い

　今回の税務調査は,「賃貸用の土地建物の賃貸借契約の内容等」と「土地建物の賃貸収入の入金方法・入金口座」,「名義貸し預金」の3項目を重点項目として調査を受けました。

❶　貸地の評価方法

　土地を他人に貸している場合にはその土地の評価額から「借地権」部分を控除して評価することとなっています。その控除する借地権にも借地権,定期借地権等の種類があります。土地建物の賃貸借契約の内容や賃料,土地建物の利用方法を確認することが調査官の狙いです。

❷　賃貸借の契約内容と入金方法等

　土地建物の賃貸収入はその賃貸している土地建物に帰属するため,そこから生まれる賃貸収入は土地建物の名義人である故Aさんに帰属することになります。そのため賃料の入金方法やその入金口座を特定することで,生前の故Aの賃貸収入の漏れや申告した相続財産のほかに入金用の通帳がないかを確認することが調査官の狙いです。

❸　名義貸し預金

　名義は配偶者や子,孫になっているが,その入金や管理者等を客観的に見て実質的な所有者が被相続人であり,名義を借りているに過ぎないものをいいます。被相続人に係る相続財産と認められるものがないかを確認することが,調査官の狙いです。

2 税務調査の具体的な方法

❶ 貸宅地の評価方法

　貸宅地とは，借地権など宅地の上に存する権利の目的となっている宅地をいいます。貸宅地の価額は，次の区分に応じてその宅地の上に存する権利を評価します。

■借地権

　（算式）自用地としての価額－自用地としての価額×借地権割合※

　　※借地権の取引慣行がないと認められる地域にある借地権の目的となっている宅地の価額は，借地権割合を20％として計算します。

■定期借地権の目的となっている宅地

　（算式）自用地としての価額－自用地としての価額×定期借地権等の残存期間に応じた割合

定期借地権等の残存期間に応じた割合

イ	残存期間が5年以下のもの	5％
ロ	残存期間が5年を超え10年以下のもの	10％
ハ	残存期間が10年を超え15年以下のもの	15％
ニ	残存期間が15年を超えるもの	20％

■事業用定期借地権等

■建物譲渡特約付借地権

■一時使用目的の借地権

　借地権とは，建物の所有を目的とする地上権又は土地の賃借権をいいます。借地権は契約の内容によって評価方法が異なるため，賃貸借契約書だけではなく実際の賃貸借形態からも判断することになります。調査官の狙いは，次の項目から賃貸借契約の実態を確認することです。

　① 権利金等の収受の有無

　② 契約年数と期間満了時の取扱い

　③ 契約上の賃料の金額と入金金額

④　賃借人の土地の利用方法
⑤　継続的な取引で一時的な使用契約でないか

❷　賃貸借の契約内容と入金方法等と税務調査官の狙い

■賃貸借契約の内容に応じた税務調査官の狙い

　故Aさんは所有する賃貸物件ごとに同族会社である㈱G管理に一括借り上げや管理業務を委託していました。また駐車場収入など現金での入金の場合には故Aさんの家族が賃料等の徴収を行っていました。故Aさんと㈱G管理との契約関係に応じて下記のチェックをすることが調査官の狙いです。

【W貸地】

　W貸地は故Aさんから㈱G管理に貸し付け，㈱G管理は賃借人に転貸しています。ここで注意しなければいけないことは次の項目です。

　～関係図～

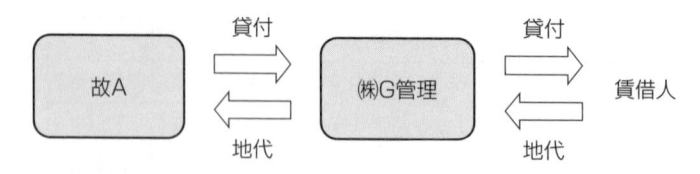

故A　⇄（貸付／地代）⇄　㈱G管理　⇄（貸付／地代）⇄　賃借人

　～チェック項目～

・㈱G管理から故Aさんへの地代金額は適正であったか
・地代金額が故Aさん名義の通帳に入金されていたか
・㈱G管理からの未収地代（未精算金）がないか等

【X駐車場】

　X駐車場は故Aさんと賃借人との間で賃貸借契約を交わしていました。

　駐車場収入は現金で入金されていました。故Aさんから㈱G管理には駐車場の管理を委託していた。

～関係図～

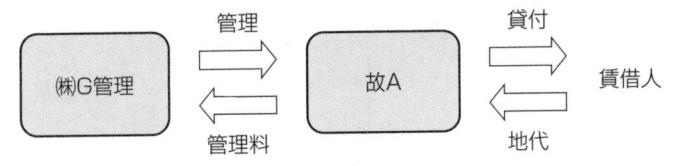

㈱G管理 ←管理／管理料→ 故A ←貸付／地代→ 賃借人

～チェック項目～

- ・駐車場収入の入金に漏れがなかったか
- ・(株)G管理への管理料は適正であったか
- ・契約者からの保証金は誰が管理していたのか等

【Yマンション】

Yマンションは故Aさんが(株)G管理に一括で貸し付け，(株)G管理が空室のリスクを負っていました。この場合に注意しなければならないことは次のとおりです。

～関係図～

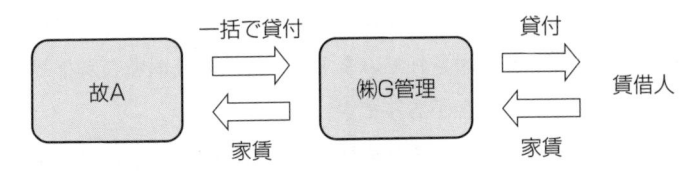

故A ←一括で貸付／家賃→ ㈱G管理 ←貸付／家賃→ 賃借人

～チェック項目～

- ・(株)G管理から故Aさんへ家賃の金額は適正であったか
- ・(株)G管理からの未収家賃等（未精算金）はないか
- ・故Aさんが(株)G管理に貸し付けた資金はないか等

【Zマンション】

Zマンションは故Aさんが賃借人と契約を行い，(株)G管理にZマンションの管理業務を委託していました。この場合に注意しなければならないことは次のとおりです。

～関係図～

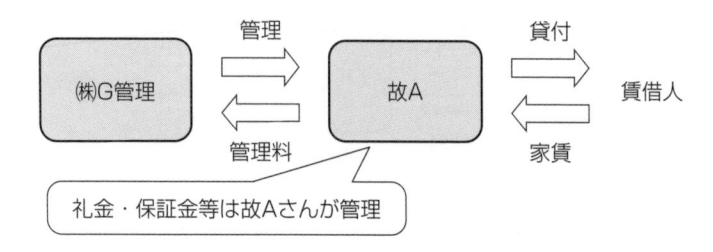

```
              管理                    貸付
 ㈱G管理  ⇄  故A    ⇄  賃借人
              管理料                  家賃
```

礼金・保証金等は故Aさんが管理

～チェック項目～

・(株)G管理への管理料は適正であったか
・(株)G管理に使途不明な支払いがなかったか
・家賃収入の入金に漏れがなかったか
・賃借人(入居者)に生計を一にする親族がいないか
・敷金や保証金と礼金等が混合されていないか等

■賃貸収入の入金方法(口座)と税務調査官の狙い

　賃貸収入の入金の方法として，建物の一括借り上げや法人への貸し付けなどでは「振込入金」が多く利用されていますが，貸地や駐車場収入などでは「現金入金」を利用している場合があります。

　特に賃貸収入を現金入金し，それを被相続人の通帳に入金していないような場合などケースによって調査官の狙いがあります。

POINT　チェックポイントと確認事項

イ　現金入金の管理者が不動産管理会社や配偶者などの家族である場合
　　⇒管理者から被相続人に未払いの金額がないか？
ロ　賃貸している土地建物が一部共有名義になっている場合
　　⇒過去の賃貸収入が適正に配分されているか？
ハ　現金で徴収した賃貸収入が被相続人の通帳に入金されていない。
　　⇒相続発生時に手許現金や入金用の別通帳がないか？

ニ　被相続人の通帳から相手先が不明な入金があった。
　　　⇒貸付債権がないか？　ほかに賃貸収入がないか？
　ホ　被相続人の通帳から定期的な出金があった。
　　　⇒借地がなかったか？　その出金した金額分，家族や法人の通帳が
　　　増えていないか？
　ヘ　生前贈与した土地建物について預かった保証金等がある。
　　　⇒敷金・保証金を引き継ぐことで，その贈与が負担付き贈与に該当
　　　しないか？

❸　名義貸し預金の疑いがある場合の税務調査官の狙い

■名義貸し預金とは

　名義は配偶者や子，孫になっているが，その入金や管理者等を客観的に見て実質的な所有者が被相続人であり，名義を借りているに過ぎないものをいいます。生前贈与のつもりでも名義貸しとして判断されることもありますので注意が必要です。

■名義貸しの疑いがある場合の税務調査官の狙い

　故Aさんは10年前から配偶者及び長男B，孫に対して預貯金の計画的な贈与を毎年実施していました。配偶者及び長男B，孫は受贈した預貯金を本人名義の通帳で管理しています。これが生前贈与であるか名義貸しに該当するのかを，次の事実から確認することが調査官の狙いです。

　イ　贈与契約書を作成していたか
　ロ　故Aさんと家族が共通の銀行届出印を使用していないか
　ハ　通帳や銀行届出印は誰が保管・管理していたのか
　ニ　贈与時において故Aさんは贈与の意思表示はできたのか
　ホ　受贈者が贈与税の申告をしていたか
　ヘ　受贈者が受贈の意思表示をした認識があるか

3 税務調査に備えて事前に準備する事項

❶ 貸地評価に対応する税務調査の事前準備

　賃貸借契約書等だけでは，実際に土地がどのように使用され建物等の敷地に使われているのか判断できない場合もあります。

　貸地及び借地権等の評価は相続発生時の現況に応じて評価を行うことになるため，契約時の賃貸借契約書等の確認だけでなく，賃料の入金状況と滞納金額の有無，設定期間と経過期間，期間終了後の更新等の取扱い，収授した保証金等の有無，被相続人と賃借人との関係等を調査する必要があります。特に建物等の所有を目的として土地を貸し付けている場合にはその建物等の所有者を確認する必要があります。土地に建物等を建築して貸し付けている場合には，名寄帳や登記事項証明書と建物等の棟数に差異がないかや貯金の増改築等が反映されているかを確認する必要があります。

❷ 賃貸借契約内容と入金方法等に対応する税務調査の事前準備

　土地建物を不動産管理会社に一括で貸し付けている場合や，管理業務を委託している場合には，その被相続人が受け取った家賃収入や支払った管理料が適正な金額であったかを確認する必要があります。また，振込入金でも家賃収入の全部が被相続人の通帳に入金されておらず差額分が家族の通帳に入金されていないか，管理者からの未精算分（未収入金）がないかといったことを調査するために，過去の取引記録や実際の入出金額の記録も確認する必要があります。

❸ 名義貸し預金に対応する税務調査の事前準備

■過去の取引履歴を確認する

　被相続人名義の金融資産の残高を確認するためには，残高証明書の発行が必要となりますが，名義貸し預金等を判断するために過去5年～7年間分の金融資産の取引履歴を確認する必要があります。また，土地の売却や購入があった場合には，過去10年程度まで確認する必要があると考えられます（配偶者や子，孫といった相続人名義のものも同様です）。

被相続人の通帳等が残っていない場合や不足している場合には，過去の取引履歴を金融機関に依頼することでまとめて発行することができます。しかしその発行に相当の日数を要することや手数料が高額になることもあります。なによりも通帳に被相続人の手書きのメモや相手先等を書き込んであることもあるので，残っている通帳は必ず確認する必要があります。

■金融資産の実際の所有を客観的にチェックする

　相続税の税務調査では，名義貸しの預貯金や有価証券等のチェックが必ず行われます。それは過去に贈与したものとして名義変更をした預貯金や有価証券等についても同様にチェックをされます。

　贈与か名義貸しかは客観的な根拠や状況で判断することになるため，作成した贈与契約書や，通帳・印鑑・キャッシュカードの管理方法や保管場所，贈与税の申告の有無等を確認する必要があります。

Q33 二世帯住宅などを有していた場合

　被相続人Aさんは，生前不動産賃貸業を営んでおり，相続人である配偶者Bさん，長男Cさん，次男Dさんがそれぞれ被相続人Aさんの財産を取得することとなりました。この相続について依頼を受けた税理士Pは，申告期限までに相続税申告を行いました。

　その後，所轄税務署の資産課税部門より税務調査に伺いたいとの連絡を受け，下記不動産を中心に調査を受けることとなりました。

① 自宅

　被相続人Aさんは，所有する宅地の上に二世帯住宅（住宅内部で互いに行き来できないものである）を建築し，1階部分にAさんと配偶者Bさんが居住をし，2階部分には，長男Cさんとその家族が居住していました。

　この宅地及び家屋を配偶者Bさんと長男Cさんが，各2分の1ずつ相続し，相続税の申告期限まで従前どおり居住していたため，配偶者Bさん及び長男Cさんが取得した宅地について小規模宅地等の特例の適用を受けていました。

　※この宅地の地積は，200m^{2}です。

　※1階及び2階の床面積は同じです。

② 賃貸マンション及び駐車場（下図参照）

　X部分については，Aさんが生前に建物を建築し，賃貸マンションとして貸し付けており，Y部分については，このマンションの住民に対して駐車場として貸し付けていました。これらの土地については，次男Dさんが相続により取得しました。

　なお，この土地について相続税の申告の際，それぞれ地目が異なっていたためX部分，Y部分それぞれを1つの土地として評価しています。

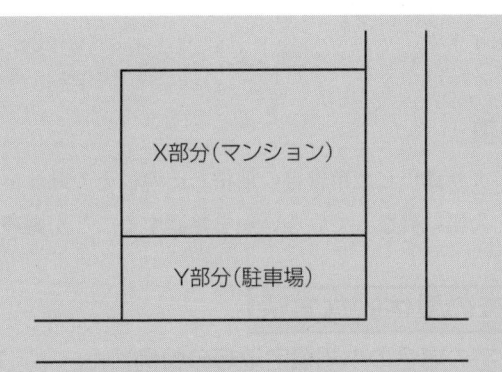

第4章　被相続人のタイプ別　税務調査事例

```
┌─────────────────┐
│                 │
│   X部分(マンション) │
│                 │
├─────────────────┤
│   Y部分(駐車場)    │
└─────────────────┘
```

③　空き地

　相続開始時点で未利用の空き地となっており，長男Cさんが相続し，相続後長男Cさんはこの空き地を売却しています（売却の際この空き地の実測を行っている）。

　なお，この土地は相続税申告の際，登記上の地積で評価を行っていました。

A

1 税務調査官の狙い

　今回の税務調査は，「二世帯住宅の場合の小規模宅地等の特例」，「土地の評価単位」，「実際の地積」を重点項目として調査を受けました。

❶　二世帯住宅の場合の小規模宅地等の特例

　二世帯住宅に係る宅地について，小規模宅地等の特例の適用対象となる宅地の範囲が調査官の狙いとなります（平成25年税制改正により改正があります（後述））。

❷　土地の評価単位

　X部分とY部分について，全体を一体として利用されていたかどうかが調

査官の狙いとなります。

❸ 実際の地積
　期限内申告により提出した申告書の地積とその後その財産を売却された際に測量した地積と大幅に異なっていないかを確認することが調査官の狙いです。

2 税務調査の具体的な方法
❶ 二世帯住宅の場合の小規模宅地等の特例
■小規模宅地等の特例（特定居住用宅地等）
　個人が相続又は遺贈により取得した宅地等のうち、その相続開始の直前において被相続人等の居住の用に供されていた宅地等で、その被相続人又はその被相続人と同居していた親族で一定の要件を満たす親族が取得した宅地等は、特定居住用宅地等として小規模宅地等の特例の適用を受けることができます。
　本事例に関しては、被相続人Aさんが居住の用に供していた家屋が構造上区分された数個の部分の各部分（独立部分）に区分されている二世帯住宅となるため、その二世帯住宅を共有で取得した配偶者Bさん及び長男Cさんについて上記特例が受けられるかどうかが今回の調査の焦点となります。

■被相続人の居住用家屋に居住していた者の範囲（措通69の4-21）
　上記の「被相続人と同居していた親族」とは、相続開始直前において被相続人の居住の用に供されていた家屋で被相続人と共に起居していた者をいい、その被相続人が居住の用に供されていた家屋については、その被相続人が独立部分を独立して住居の用途に供することができるものの独立部分の一に居住していたときは、その独立部分をいいます。
　本事例では、1階と2階が住宅内部で行き来できず独立部分で共に起居していないため、長男Cさんは被相続人の居住の用に供されていた家屋に居住していたとは認められません。
　なお、建物の全部を被相続人又はその親族が所有し、相続開始の直前において被相続人の配偶者又は被相続人が居住していた独立部分に共に起居していた

相続人がいない場合には，被相続人が居住の用に供していた独立部分以外の独立部分に居住していた者を被相続人の居住の用に供されていた家屋に居住していた者に当たる者であるものとして申告があったときは，これを認めることとして取り扱っています（措法通69の4-21なお書）。

本事例では，相続開始の直前において被相続人Aさんの配偶者Bさんがいることからこの取扱いを受けることができません。そのため，長男Cさんは被相続人と同居していた親族には該当せず，長男Cさんが取得した宅地については小規模宅地等の特例を受けることができません。

■本事例での適用地積

上記により，小規模宅地等の特例を受けることができる部分は被相続人Aさんが居住の用に供されていた家屋である1階部分に相当する部分ということになります。

本事例において適用を受ける地積は下記計算式のとおりとなり，配偶者Bさんが相続により取得した宅地（2分の1）のうち家屋の1階部分に相当する部分が特定居住用宅地等として適用を受けることができます。

＜小規模宅地等の特例の適用対象となる面積＞

$200\text{m}^2 \times \dfrac{1}{2}$（配偶者の共有部分）$\times \dfrac{1}{2}$（1階部分）$= 50\text{m}^2$

❷ 土地の評価単位

土地の価額は，地目の別に評価し，一体として利用されている一団の土地が2以上の地目からなる場合には，その一団の土地は，そのうちの主たる地目からなるものとして，その一団の土地ごとに評価するものとしています（財基通7）。

本事例の場合，X部分，Y部分の地目はそれぞれ宅地と雑種地となっており，地目が異なっているが，Y部分の駐車場がX部分の賃貸マンションに居住している住民が利用しているためX部分，Y部分を一体として利用していると考えられます。そのため，X部分，Y部分を一団の土地として評価するよ

うに税務調査で指摘を受けることとなりました。

❸ 実際の地積

地積とは，課税時期における実際の面積による（財基通8）としています。

この場合の実際の地積と実測との関係について国税庁では，土地の地積を「実際の地積」によることとしているのは，台帳地積と実際の地積とが異なるものについて，実際の地積によることとする基本的な考え方を打ち出したものです。

したがって，全ての土地について，実測を要求しているのではありません。

実務上の取扱いとしては，特に縄延の多い山林等について，立木に関する実地調査の実施，航空写真による地積の測定，その地域における平均的な縄延割合の適用等の方法によって，実際の地積を把握することとし，それらの方法によってもその把握ができないもので，台帳地積によることが他の土地との評価の均衡を著しく失すると認められるものについては，実測を行うこととなっており，実測による地積が容易に確認できる場合には実際の地積をその実測による地積とすることになります。

本事例では，相続により取得した土地を売却した際，実測を行っておりその実測による地積と台帳地積（登記上の地積）とで著しく異なっていたため税務調査により指摘を受けることとなりました。

❹ 二世帯住宅に係る改正

平成25年度税制改正では，一棟の二世帯住宅で構造上区分のあるものについて，被相続人及びその親族が各独立部分に居住していた場合には，その親族が相続又は遺贈により取得したその敷地の用に供されていた宅地等のうち，被相続人及びその親族が居住していた部分に対応する部分を特例の対象とします。

この改正は，平成26年1月1日以後に係る相続税について適用します。

なお，適用対象面積を330m^2（現行240m^2）に拡充するのは平成27年1月1日以降となります。

③ 税務調査に備えて準備する事項

❶ 二世帯住宅の場合の小規模宅地等の特例について

　二世帯住宅となっている宅地の場合は，誰が相続開始の直前に居住の用に供していたのか，その供していた宅地を誰が取得したのかを事前に確認する必要があります。

　本事例では，1階部分が被相続人の居住の用に供されており，配偶者が取得した部分（共有の2分の1）について適用を受けることとなります。

　なお，生前の対策として，最大限にこの特例の適用を受けるためには，住宅内部を互いに行き来できるようにしていれば構造上各独立部分に区分されていない二世帯住宅に該当し，長男Cさんは被相続人Aさんの居住の用に供されていた家屋に居住していた者と認められ，かつ長男Cさんは被相続人Aさんと同居していた親族にも該当するため長男Cさんが取得した宅地についても適用を受けることができます。

❷ 土地の評価単位

　評価単位を正しく判断するためには，まず地目の判定を行った上，本事例のような一体として利用がされているかどうかの確認を行う必要があります。

　評価単位の分け方を誤ってしまうと，各補正率の誤りや広大地判定の否認など過小評価として指摘を受ける可能性があるので注意が必要です。

❸ 実際の地積

　土地の評価をする際は，必要最低限の実地調査や実測を行い，実測を行うことが困難である場合については台帳地積で評価することになります。

　なお，本事例で相続後売却を行いその測量の際，台帳地積と著しく異なる場合で，すでに申告及び納付を行っているときは，速やかに修正申告等を行う必要があります。

Q34 貸家建付地の評価

　故Aさんは，不動産賃貸会社X社及び不動産管理会社Y社のオーナー社長で，個人でも不動産を所有し，賃貸をしていました。後継者にも恵まれ長男Cさんは X社の，次男Dさんは Y社の各々副社長としてXさんを支えて両会社の経営を堅実に担ってきました。三男Eさんは医師として開業し，その子息2名も医科大学に進学し公私ともに順風満帆といった環境にあります。相続発生時，Aさんは遺言書を残しておりX社株式はAさんの配偶者BさんとCさんで各々2分の1ずつ，Y社株式は，Aさんの配偶者BさんとDさんで各々2分の1ずつとしEさんについてはEさん及びその子息2名の学資支援を考慮した遺産分割内容でした。相続税の申告も終わり，所管税務署より相続税の申告についての税務調査の通知がありました。

　故Aさんの相続財産の概要は次のとおりです。

① 土地建物　3億円

② X社株式　1億8,240万円

　　X社は資本金8,000万円，売上高5億円，総資産価額40億円，従業員数15名の中小企業です。自社株の評価は「中会社」で1株19万円（類似業種比準価額1株25万円）です。発行株式総数は1,600株で，所有割合は故Aさん60％，Bさん10％，Cさん30％です。土地については路線価の下落により相続税評価額が簿価を下回っています。

③ Y社株式　1,200万円

　　Y社は資本金1,000万円，売上高1億8,000万円，総資産価額1億円，従業員数20名の中小企業です。自社株の評価は「中会社」で1株10万円（類似業種比準価額1株12万8,000円）です。発行株式総数は2,600株で，所有割合は故Aさん60％，Bさん10％，Dさん30％です。

④ 金融資産　1億円
⑤ 親族図

```
            故A ══════ 配偶者B
    ┌──────────┼──────────┐
  長男C═配偶者   次男D═配偶者   三男E═配偶者
   │    │         │         │    │
   孫   孫        孫        孫   孫
```

A

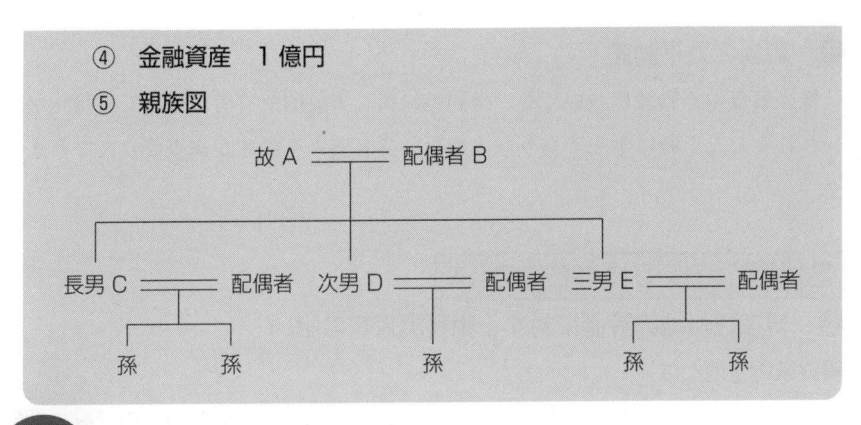

1 税務調査官の狙い

　今回の税務調査は，「貸家建付地の評価」と「学資金」及び「親族名義不動産」の3項目を重点として調査を受けました。

❶　貸家建付地の評価

　相続税の申告にあたって相続財産である土地の評価について，あるいは自社株式の評価の際に会社の所有する土地の評価について，本件事例では貸家建付地として評価をしている土地が複数あります。被相続人の個人所有の土地の評価はもちろん，自社株式の評価が結果として純資産方式となった場合には特に会社の所有する土地の貸家建付地としての評価における賃貸割合などの要件が調査要点となります。

❷　学資金

　扶養親族間の生活費又は教育費の通常必要と認められる支援については，贈与税の非課税財産とされています。本件事例の場合は，孫の学資支援についてAさんの相続税申告にあたりその要件が調査要点となります。

❸ 親族名義不動産

親族名義の不動産についてその権利の帰属，実質的所有者についての吟味が行われました。特に学生であり収入のない孫名義の不動産が調査要点となります。

2 税務調査の具体的な方法
❶ 貸家建付地の評価に対する税務調査官の狙い
■貸家建付地とは

貸家建付地とは，建築した家屋をほかに貸し付けている場合のその貸家の敷地として利用されている土地をいいます。

貸家建付地の価額は，次の算式により評価します。

貸家建付地の価額＝自用地とした場合の価額－自用地とした場合の価額
　　　　　　　　　×借地権割合×借家権割合×賃貸割合

この算式における「借地権割合」及び「賃貸割合」は，それぞれ次によるとされています（財基通26）。

① 「借地権割合」は，借地権の評価の定め（財基通27）によるその宅地に係る借地権割合（同項のただし書に定める地域にある宅地については100分の20とする。次項において同じ）による。

② 「賃貸割合」は，その貸家に係る各独立部分（構造上区分された数個の部分の各部分をいう。以下同じ）がある場合に，その各独立部分の賃貸の状況に基づいて，次の算式により計算した割合による。

$$\frac{Aのうち課税時期に賃貸されている各独立部分の床面積の合計}{当該家屋の各独立部分の床面積の合計（A）}$$

■賃貸割合

賃貸割合は，貸家に各独立部分がある場合にその敷地となっている土地の評価をするときに使用します。たとえばアパートで賃貸されている各部屋で，

「賃貸している各独立部分」には課税時期において，一時的に賃貸されていなかったと認められるものを含めて差し支えないこととされています。

　一時的に賃貸されていなかったと認められることの緩和措置の取扱いは国税庁から次のような判断基準が情報（資産評価企画官情報第2号平成11年7月29日）として公開されています。これらの判断基準に従った事実認定に基づいて総合的に判断します。

　① 各独立部分が課税時期前に継続的に賃貸されてきたものかどうか
　② 賃借人の退去後速やかに新たな賃借人の募集が行われたかどうか
　③ 空室の期間，他の用途に供されていないかどうか
　④ 空室の期間が，課税時期の前後のたとえば1ヶ月程度であるなど一時的な期間であるかどうか
　⑤ 課税時期後の賃貸が一時的なものでないかどうか

■貸家建付地の評価に対する税務調査官の狙い

　税務調査において貸家建付地の評価における賃貸割合の判断資料を調査対象とします。たとえば一戸建ての貸家が相続時点で空き家になっていなかったか，新築したアパートの一部に空室がなかったか，継続して賃貸していたアパートが建替等のために全室空室になっていなかったかなどの事実認定をします。これらの事実が認められるとこの土地は自用地としての評価とされます。また，緩和措置の適用にあたってもこの五大基準に従った事実があるかどうか調査されます。一時的な空室として扱うことがたとえば学生専用のワンルームマンションで3月前後に空室が発生し，たまたま課税時期と重なるケース，貸家が老朽化して入居募集がスムーズに運ばないケースなど問題とされることが多くあります。全国的に空室率が目立つ昨今，この賃貸割合については調査官の狙いどころとなっています。

❷ 学資金

■生活費，教育費

　「夫婦や親子，兄弟姉妹などの扶養義務者の間で生活費や教育費に充てるた

めに取得した財産は，贈与税の課税対象とならない」(相法21の3，相法1の2，相基通1の2-1，民法877)とされ贈与税の非課税財産と規定されています。また，扶養義務者とは，配偶者，直系血族，兄弟姉妹，生計を一にしている3親等内の親族とされており，したがって祖父母は直系血族となり生計を一にしているかどうかは要件とされていません。さらに「生活費」とは「その人にとって通常の日常生活に必要な費用」(相基通21の3-3，相基通21の3-6)，「教育費」とは「被扶養者の教育上通常必要と認められる学資や教材費，文具費など」をいいます(相基通21の3-4)。

　生活費，教育費の共通の取扱いとして，相続税基本通達では「贈与税の課税価格に算入しない財産は，生活費又は教育費として必要な都度直接これらの用に充てるために贈与によって取得した財産をいうものとする。したがって，生活費又は教育費の名義で取得した財産を預貯金した場合，又は株式の買入代金若しくは家屋の買入代金に充当したような場合における当該預貯金又は買入代金等の金額は，通常必要と認められるもの以外のものとして取り扱うものとする。」とされています(相基通21の3-5)。

■祖父から孫への学費支援に関する税務調査官の狙い

　事例の場合Aさんは生前Eさんの孫2名に医科大学進学の学資支援をしていました。相続税調査においてこの学資支援が本当に教育上通常必要と認められる学資等に充てられているかどうか，預貯金，資産購入などに充てられていないかが調査要点となります。

❸　親族名義不動産

　不動産の申告漏れの中で確認される例として，被相続人が前回相続した不動産の登記が未了による場合，被相続人の兄弟など親族で共有している不動産で他の者の事業用不動産の用に供されているなどして固定資産税の支払いを他の共有者が負担しており納税通知書が手元に来ない場合，山林・農地など固定資産税の納付のない場合，持分の割合が低く所有権があることを意識せず失念する場合などが考えられます。税務調査においてはこのような申告漏れについて

検証します。

　相続人や孫などが所有する不動産について，その実質所有権の帰属者について所有者の年齢，収入等に照らして不自然さがある場合，名義借用資産あるいは購入資金の贈与などが疑われることに留意しなければなりません。

③ 税務調査に備えて事前に準備する事項

❶ 貸家建付地の評価に対応する税務調査の事前準備事項

■賃貸契約書について賃貸中及び解約分を確認する

　課税時期の貸家，アパートの入居状況について，まず賃貸契約書の提示，閲覧が求められます。調査時点と課税時期は1年半から2年程度のタイムラグがあります。賃貸契約を解約した入居者の分も保存されているかどうか確認する必要があります。

■家賃収受を記録した帳簿，通帳を確認する

　課税時期に空室でないことを立証する資料として家賃の収受記録帳票があるかどうか，家賃収受の銀行口座の通帳が揃っているかどうか確認する必要があります。個人及び法人の確定申告書，総勘定元帳なども有効な立証資料です。

■賃貸仲介業者等との入居者募集に関する媒介契約書の確認

　課税時期前の入居者退去の後，賃貸仲介業者との媒介契約書が保管されているかどうかを確認する必要があります。

❷ 学資金に関する税務調査の事前準備事項

■学資金の送金記録，証憑の確認

　孫の学資金たとえば入学初年度は入学金，授業料，施設設備費など多額にのぼりますが，これらは通常，指定振込用紙を使用し大学へ直接振り込みます。故人から父母の口座を経由するなどしていないことを確かめておくことが必要です。次年度からの授業料も迂回しないで直接支払われていることが立証できるとスムーズな調査進行ができます。

■生活費の送金記録などの証憑の確認
　孫の生活費については孫本人の銀行口座で使途を明らかにし，その人にとって通常の日常生活に必要な費用と認められる範囲かどうか確認しておく必要があります。

❸　親族名義不動産に対応する税務調査の事前準備事項
■権利書，登記識別情報，登記簿謄本，固定資産税通知書の確認
　特に親族その他と共有となっている不動産について申告漏れがないかどうか確認しておく必要があります。
■購入資金の資金出所を明らかにする資料の確認
　孫など年齢，職業，その収入に比して疑義の生ずる不動産について取得原因が売買となっているものの資金出所を明らかにする銀行預金口座などの確認をする必要があります。課税時期前に売却された不動産の取得売却経緯についても名義借用資産でなかったことを説明できるよう準備が必要です。

❹　教育資金の一括贈与について
　平成25年度税制改正では，受贈者（30歳未満の者に限る）の教育資金に充てるために，その直系尊属が金銭等を拠出し，金融機関に信託等をした場合には，受贈者一人につき1,500万円までの金銭については，贈与税を課さないこととされます（細部の特例あり）。
　平成25年4月1日から平成27年12月31日までに拠出されるものに限ります。

4 サラリーマン

Q35 老人ホーム入所や生命保険

　故Aさん（相続開始時は80歳）は，長年の会社勤務を終え，配偶者のBさん（相続開始時は75歳）と自己所有の戸建住宅に2人で暮らしていました。故Aさん夫婦には1人息子のCさんがいますが，別に世帯を持って生活をしています。

　故Aさん夫婦は高齢になるにつれ自宅の段差等が負担になってきましたので，故Aさんが78歳のときに思い切って自宅をバリアフリーにしました。その他の改築も含め1,000万円かかりましたが貯金を取り崩すことで支払いを終えました。

　その後，故Aさん夫婦は体調が思わしくなく介護を受ける必要が出てきたため，故Aさんが79歳，配偶者Bさんが74歳のときに夫婦で老人ホームへ入所しました。この老人ホームは入所するために所有権や終身利用権を取得するようなところではありません。息子のCさんは，故Aさん夫婦がいつでも自宅に戻って生活できるように，空き家となった自宅を管理し，必要なものを揃えていました。

　しかし，故Aさんは老人ホームを退所することなく80歳で亡くなってしまいました。

　また，故Aさんは配偶者Bさんを被保険者とする生命保険を契約し保険料を負担していましたが，老人ホームへの入所時に，契約者を配偶者Bさんに変更し，以後は保険料もBさんが支払っています。なお，受取人は息子のCさんになっています。

　故Aさんが亡くなった後，相続人の配偶者BさんとCさんは税理士に依頼し，相続税の申告を済ませました。故Aさんが所有していた住宅の敷地については，Bさんが相続し，申告の際には，小規模宅地等の特例の適用を受けました。

> その後，所轄の税務署の調査官から税務調査の連絡を受け，Bさんの自宅にて調査を受けることになりました。

A

1 税務調査官の狙い

今回の税務調査は，「生命保険契約に関する権利」と「小規模宅地の特例の適用」について調査を受け，さらに調査時に「自宅の増改築等」に関しても指摘を受けました。

❶ 生命保険契約に関する権利

生命保険契約に関する権利のうち，被相続人が負担した保険料に相当する部分は契約者の相続財産とみなされます。保険料の負担者が誰であるかを確認することが調査官の狙いです。

❷ 小規模宅地の特例の適用

被相続人は老人ホームに入所しており，被相続人が入所前まで居住していた建物は，相続開始直前まで空き家となっていました。このような場合，その敷地について小規模宅地の特例の適用を受けられる状況にあるかどうかの事実関係を調査することが調査官の狙いです。

平成25年度税制改正にて老人ホームに入所の場合の改正があります（後述）。

❸ 自宅の増改築等

老人ホームへの入所の経緯や被相続人の身体の状況を調査官に対して説明していくうちに，2年前に行ったバリアフリーを含む自宅の増改築に関する話になりました。こういった調査時の話から相続財産が漏れていないかを聞き取ることも税務調査では行われます。

2 税務調査の具体的な方法

❶ 生命保険契約に関する権利

■生命保険契約に関する権利とは

　相続開始の時において，まだ保険事故が発生していない生命保険契約（掛け捨て保険契約は除く）で，その保険料の全部又は一部を被相続人が負担しており，かつ，被相続人以外の人がその契約者である場合の生命保険に関する権利のうち，被相続人が負担した保険料に相当する部分は，契約者の相続財産とみなされます（相法3）。

■生命保険契約に関する権利の評価

　相続開始の時において，まだ保険事故が発生していない生命保険契約に関する権利の価額は，相続開始の時においてその契約を解約するとした場合に支払われることになる解約返戻金の額によって評価します。

　また，この事例の場合は，契約の途中で保険契約者及び保険料負担者が変更になっています。

	（変更前）		（変更後）
保険契約者	故A	→	B
保険料負担者	故A	→	B
被保険者	B	→	B
保険金受取人	C	→	C

　このような場合には，相続財産とみなされるのは，解約返戻金の額のうち，被相続人が負担した保険料に相当する部分となりますので，次の算式によって計算します。

$$解約返戻金の額 \times \frac{被相続人が負担した保険料の額}{払込保険料の総額}$$

■税務調査官の狙い

　この保険契約は，相続開始の際には保険契約者はBになっており，保険料

の負担もBがしています。しかし、これは1年前の老人ホーム入所を機に変更されたものであり、それ以前は故Aが契約者であり保険料を負担していました。調査官は故Aの預金関係を調べることにより、引落などから保険料の負担者が故Aであったことを確認しており、解約返戻金の額のうちの一部は相続財産になると指摘しました。

　また、故Aは以前にこの保険契約に係る生命保険料控除の証明書を確定申告書に添付して申告していました。こういったことからも、故Aが保険料を負担していたのではないかと推測されることになります。

❷　小規模宅地の特例の適用
■小規模宅地の特例の適用について
　相続の開始の直前において被相続人等の居住の用に供されていた宅地等のうち、一定の選択をしたもので限度面積までの部分については、小規模宅地等についての相続税の課税価格の計算の特例を受けることができます（措法69の4）。平成25年度税制改正にて老人ホーム入所の場合の改正があります（後述）。
■被相続人等の居住の用に供されていた宅地等とは
　被相続人等の居住の用に供されていたかどうかは、基本的には、被相続人等が、その宅地等の上に存する建物に生活の本拠を置いていたかどうかにより判定されると考えられます。具体的な判定にあたっては、その被相続人等の日常生活の状況や建物の構造・設備の状況、生活の根拠となるべきほかの建物の有無などの事実を総合的に勘案して判定することになります。
■税務調査官の狙い
　被相続人等が居住していた建物を離れて老人ホームに入所したような場合には、一般的には、それに伴い被相続人等の生活の拠点も移転したものと考えられます。

　この事例の場合も、故A及びBは老人ホームに入所し、それまで住居としていた建物は空き家となっていました。しかし、老人ホームに入所しているものの、その被相続人等は自宅での生活を望んでおり、いつでも居住できるよう

自宅の維持管理がなされているなど，病気治療のため病院に入院した場合と同様な状況にあると考えられる場合もあり，一律に生活の拠点を移転したとみるには実情にそぐわないケースもあります。

　税務調査においては，これらの諸事情の確認が行われます。
■**老人ホーム入所と小規模宅地の特例の適用の考え方**
　被相続人が老人ホームに入所したため，相続開始の直前において，それまで居住していた建物を離れていた場合に，次のような状況が客観的に認められるときには，被相続人が居住していた建物の敷地は，相続開始の直前に被相続人の居住の用に供されていた宅地等に該当するものとして差し支えないものと考えられます。
　①　被相続人の身体又は精神上の理由により介護を受ける必要があるため，老人ホームへ入所することとなったものと認められること
　　　特別養護老人ホームの入所者については，介護を受ける必要がある者に当たるものとして差し支えないものと考えられます。
　②　被相続人がいつでも生活できるようその建物の維持管理が行われていたこと
　　　その建物に被相続人の起居に通常必要な動産等が保管されるとともに，その建物及び敷地が起居可能なように維持管理されていることをいいます。
　③　入所後新たにその建物を他の者の居住の用その他の用に供していた事実がないこと
　④　その老人ホームは，被相続人が入所するために被相続人又はその親族によって所有権が取得され，あるいは終身利用権が取得されたものでないこと
　平成25年度税制改正では，老人ホームに入所したことにより，被相続人の居住の用に供されなくなった家屋の敷地の用に供されていた宅地等が，次の要件が満たされる場合に限り，相続の開始の直前において被相続人の居住の用に供されていたものとして特例を適用します。
　①　被相続人に介護が必要なため入所したものであること

② 当該家屋が貸付け等の用途に供されていないこと

この改正は，平成26年1月1日以後に係る相続税について適用します。

なお，適用対象面積を330m^2（現行240m^2）に拡充するのは平成27年1月1日以降となります。

❸ 自宅の増改築等
■増改築等の評価

家屋の価額は，その家屋の固定資産税評価額に一定の倍率を乗じて計算した金額によって評価します。ところが，増改築等がなされた場合で，その増改築等に係る家屋の状況に応じた固定資産税評価額が付されていないことがあります。このような場合の家屋の価額は，増改築等に係る部分以外の部分の固定資産税評価額に，増改築等に係る部分の価額を加算して，家屋の評価又は貸家の評価により評価します（財基通5，89，93）。

増改築等に係る部分の価額は，その家屋と状況の類似した付近の家屋の固定資産税評価額を基にして評定した価額とします。ただし，付近に状況の類似した家屋がない場合には，その増改築等に係る部分の再建築価額（課税時期においてその財産を新たに建築又は設備するために要する費用の額の合計額をいいます）から償却費相当額を控除した価額の100分の70に相当する金額を増改築等に係る部分の価額とします（財基通89-2）。

償却費相当額は，再建築価額から当該価額に0.1を乗じて計算した金額を控除した価額に，その建物の耐用年数のうちに占める経過年数（増改築等の時から課税時期までの期間に相当する年数（1年未満の端数があるときは，その端数は1年とします））の割合を乗じて計算します。

■税務調査官の狙い

調査官は税務調査時において，納税者からいろいろな話を聞き取っていきます。今回も老人ホームへの入所にあたり身体上の介護の必要があったという説明をするため，自宅をバリアフリーに改築したことを話題に出したところ，その改築が財産として計上されているかどうかという流れになりました。

また，増改築費用の1,000万円を貯金を取り崩して一括で支払っています。このような多額の預金の流出も調査官はチェックしています。

③ 税務調査に備えて事前に準備する事項

❶ 生命保険契約に関する権利

保険事故が発生していない場合には保険金の支払いが発生しませんので，相続財産として見落とされがちになります。保険料の支払いという観点から被相続人の預金口座などを確認して保険料負担の有無を調べておくことが大切です。

また，今回の事例のように，契約者（保険料負担者）が途中で変更されている場合は，以前に遡って確認する必要があります。

❷ 小規模宅地の特例の適用

老人ホーム入所まで居住していた建物の敷地が被相続人の居住の用に供されていた宅地等に該当するかどうかは客観的な事情を総合的に勘案して判断されます。入所に至る経緯や介護の状態，入所における権利関係や利用料の仕組み，入所後の生活状態や外泊等の有無，以前の住居における維持管理の状況や水道光熱費の使用状況等，説明できるように資料を準備しておく必要があるでしょう。

❸ 自宅の増改築等

税務調査においては，調査官は事前に調べておいた項目以外にも，納税者にいろいろな観点から質問を行います。今回の事例のように，話をしていくうちに中心話題以外の財産に影響が及ぶ場合も起こります。また，調査場所が自宅等である場合には，細かく観察もしています。税務調査の前には，一度調査官の眼になって調査場所を眺めてみることも大切です。

Q36 サラリーマンの小規模宅地

　サラリーマンのAさんは，妻Bさん，長男Cさん，長女Dさんの4人で東京都内にマンションを借りて住んでおり，Aさんの母Xさん（父Yさんはすでに他界）は1人で東京都郊外の築60年の一軒家（土地・建物共に母Xさんの名義）に住んでいました。

　（ケース1）母Xさんは高齢から1人暮らしが困難となり，昨年3月に介護老人保健施設へ入所をし，今年6月に亡くなりました。母Xさんの住んでいた一軒家は母Xさんが老人ホームへ入所してからは，空き家になってしまっていましたが，妻Bさんは月に1回家の手入れをし，母Xさんがいつでも戻ってこられるよう維持管理していました。土地と一軒家はAさんが相続をし，小規模宅地の特例を適用して相続税の申告書を提出しました。

　（ケース2）母Xさんが高齢となり，1人暮らしに不安を覚えたため，サラリーマンのAさん一家は，母Xさん所有の土地に，古くなった一軒家を取り壊し，5年前に二世帯住宅を建て，マンションから引っ越しました。

　プライバシーを尊重するため，母Xさんの家屋と，A一家の家屋は，玄関・炊事場・風呂場などは独立して取り付け，母Xさんの家屋とAさん一家との家屋間の行き来は玄関を通じてのみできる造りとなっていました。

　この二世帯住宅は母XさんとAさんで建築費用を折半し，建物については区分所有となっています。

　今回，母Xさんの相続税の申告にあたり，特定居住用宅地等に該当するものとして小規模宅地の特例を適用して申告を行いました。

```
建物2F  Aさん(相続人)
─────────────────────
建物1F  母Xさん(被相続人)

土地  母Xさん(被相続人)
```

A

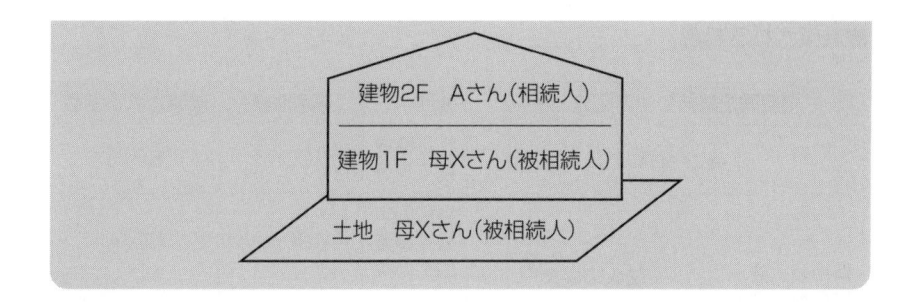

1 税務調査官の狙い

今回の税務調査は，小規模宅地の特例の適用を受けた土地が，その適用要件をきちんと満たしているかという点に絞って行われると思われます。

(ケース1)

このケースでは，老人ホームへ入所していた場合に，入所により空き家となっていた自宅が，居住の用に供していた宅地等に該当するかが争点となります。

(ケース2)

このケースでは，二世帯住宅の場合に同居の要件を満たしているといえるかどうかが争点となります。

2 税務調査の具体的な方法

❶ 小規模宅地の特例

■概要

個人が相続又は遺贈により取得した財産のうち，その相続の開始の直前において被相続人又は被相続人と生計を一にしていた親族の事業の用又は居住の用に供されていた宅地等のうち，一定の選択をしたもので限度面積までの部分については，相続税の課税価格に算入すべき価額の計算上，一定の割合を減額します。

■減額される割合

相続開始直前の利用区分			要件		限度面積	減額される割合
被相続人等の事業の用に供されていた宅地等	貸し付け以外の事業用		①	特定事業用宅地等	400m²	80％
	貸付事業用	法人の事業用		特定同族会社事業用宅地等	400m²	80％
				貸付事業用宅地等	200m²	50％
		法人の貸付事業用	②	貸付事業用宅地等	200m²	50％
		被相続人等の貸付事業用		貸付事業用宅地等	200m²	50％
被相続人等の居住の用に供されていた宅地等			③	特定居住用宅地等	240m² (330m² ※)	80％

※平成27年1月1日以後発生の相続税について適用されます。

「特定事業用宅地等」,「特定同族会社事業用宅地等」,「特定居住用宅地等」及び「貸付用事業用宅地等」のうちいずれか2以上についてこの特例の適用を受けようとする場合は,次の算式を満たす面積がそれぞれの宅地等の限度面積になります。

$$① + ③ \times \frac{5}{3} + ② \times 2 \leq 400m^2$$

平成25年度税制改正により,平成27年1月1日以後の相続に関して,特例の対象として選択する宅地等の全てが特定事業用宅地等及び特定居住用宅地等である場合には,それぞれの適用対象面積まで適用可能となります。なお,貸付事業用宅地等を選択する場合には,現行どおり調整を行うこととなります。

つまり,居住用で330m²,貸付事業以外の事業用で400m²,合わせて730m²まで特例の対象とすることが可能となります。

■特定居住用宅地等

小規模宅地の特例の適用を受けるには,特定事業用宅地等,特定居住用宅地

等，特定同族会社事業用宅地等及び貸付事業用宅地等のいずれかに該当する宅地等であることが必要です。

　今回の問題となっている特定居住用宅地等とは，相続開始の直前において被相続人又は被相続人と生計を一にしていた親族の居住の用に供されていた宅地等で，次の区分に応じ，それぞれに掲げる要件に該当する被相続人の親族が相続又は遺贈により取得したものをいいます（次表の区分に応じ，それぞれに掲げる要件に該当する部分で，それぞれの要件に該当する被相続人の親族が相続又は遺贈により取得した持分の割合に応ずる部分に限られます）。なお，その宅地等が2以上ある場合には，主としてその居住の用に供していた一の宅地等に限ります。

特定居住用宅地等の要件

区　分	特例の適用要件	
	取得者	取得者の要件
被相続人の居住の用に供されていた宅地等	被相続人の配偶者	要件なし
	被相続人と同居していた親族	相続開始の時から相続税の申告期限まで，引き続きその家屋に居住し，かつ，その宅地等を有している人
	被相続人と同居していない親族	被相続人の配偶者又は相続開始の直前において被相続人と同居していた一定の親族がいない場合において，被相続人の親族で，相続開始前3年以内に日本国内にある自己又は自己の配偶者の所有する家屋（相続開始の直前において被相続人の居住の用に供されていた家屋を除きます）に居住したことがなく，かつ，相続開始の時から相続税の申告期限までその宅地等を有している人（相続開始の時に日本国内に住所がなく，かつ，日本国籍を有していない人は除かれます）
被相続人と生計を一にする被相続人の親族の居住の用に供されていた宅地等	被相続人の配偶者	要件なし
	被相続人と生計を一にしていた親族	相続開始の直前から相続税の申告期限まで，引き続きその家屋に居住し，かつ，その宅地等を有している人

❷ 適用要件を満たしているか

■老人ホームへの入所により空き家となっていた建物の敷地は特定居住用宅地等に該当しているか

　被相続人が居住していた建物を離れて老人ホームに入所した場合は，一般的には，それに伴い被相続人の生活の拠点が移転したものと考えられます。しかし，個々の事例の中には，その者の身体上又は精神上の理由により介護を受ける必要があるため，居住していた建物を離れて，老人ホームへ入所しているものの，その被相続人は自宅での生活を望んでいるため，いつでも居住できるように自宅の維持管理がなされているケースがあり，このようなケースについては，諸事情を勘案すれば，病気治療のため病院に入院した場合と同様の状況にあるものと考えられる場合もありますから，一律に生活の拠点を移転したものと見るのは実情にそぐわない面があります。

　そこで，被相続人が，老人ホームへ入所したため，相続開始の直前においても，それまで居住していた建物を離れていた場合において，次に掲げる状況が客観的に認められるときは，被相続人が居住していた建物の敷地は，相続開始の直前においてもなお被相続人の居住の用に供されていた宅地等に該当するものとして差し支えないものと考えられます。

　　イ　被相続人の身体又は精神上の理由により，介護を受ける必要があるため，老人ホームへ入所することとなったものと認められること
　　ロ　被相続人がいつでも生活できるようその建物の維持管理が行われていたこと
　　ハ　入所後新たにその建物を他の者の居住の用その他の用に供していた事実がないこと
　　ニ　その老人ホームは，被相続人が入所するために被相続人又はその親族によって所有権が取得され，あるいは終身利用権が取得されたものではないこと
　　（注1）　上記イについて，特別養護老人ホームへの入所者については，その施設の性格を踏まえれば，介護を受ける必要がある者に当たるものとして差し支えない

と考えられます。なお、その他の老人ホームの入所者については、入所時の状況に基づき判断します。
(注2)　「被相続人がいつでも生活ができるよう建物の維持管理が行われている」とは、その建物に被相続人の起居に通常必要な動産等が保管されるとともに、その建物及び敷地が起居可能なように維持管理されていることをいいます。

　ちなみに、病気治療のための入院により居住していた建物が空き家となり、退院することなく亡くなった場合には、建物の敷地は入院期間の長短を問わず、被相続人の居住の用に供されていた宅地等に該当するものとされています。
　国税不服審判所の判決事例では、①老人ホームの入所期間中に一時的な入院以外は外泊及び外出がない②入所契約により同施設の終身利用権を取得③老人ホームの居室は通常の生活ができる施設を有している、以上の点から生活拠点は老人ホームにあり、入所は一時的なものといえず、病院施設への入所と同視できないので小規模宅地の特例の適用は受けられないとした判決が載せられています。
　特別養護老人ホームへの入所は上記イに該当すると注記されていますが、介護老人保健施設の場合は入所の実態が特に問題となってきます。通常、介護老人保健施設はリハビリ等の介護を受け、在宅復帰を目的とした施設であるため、入所期間に制限があり、終身利用権がないのが一般的です。しかし、終身利用権を取得しているとなると、生活の拠点が施設に移転していると判断される可能性が高くなるとされていました。
　平成25年度税制改正により、平成26年1月1日以後の相続又は遺贈により取得した財産についての小規模宅地の特例の適用について以下の点が追加されました。
　老人ホームに入所したことにより、被相続人の居住の用に供されなくなった家屋の敷地の用に供されていた宅地等は、次の要件が満たされる場合に限り、相続の開始の直前において被相続人の居住の用に供されていたものとして特例を適用するとされています。

① 被相続人に介護が必要なため入所したものであること
　② 当該家屋が貸付け等の用途に供されていないこと
　老人ホームの終身利用権を取得して入居している場合でも，介護が必要であることを証明できれば適用を受けられることとなります。

■老人ホームへの入所により空き家になっていた場合に取得者の要件は満たしているのか？
　老人ホームへの入所により空き家になっていた家屋が被相続人の居住の用に供されていた宅地等と判断されたとして，次には取得者が要件を満たすことが必要になります。空き家になっていたことから同居親族が取得者ということはありえないので，被相続人と同居していない親族が取得した場合が考えられます。
　その際，被相続人が1人暮らしで，土地を取得した被相続人と同居していない親族が，持ち家を持っていないなどの要件を満たしているのかを調べます。

■二世帯住宅は同居親族に該当するのか？
　特定居住用宅地等の要件を確認していくと，被相続人と同居していた親族に該当すれば，取得者の要件を満たせば小規模宅地の特例の適用は受けられます。しかし，同居と認められないとなると，取得者は「被相続人と同居していない親族」に当たり，取得者の要件「相続開始前3年以内に日本国内にある自己又は自己の配偶者の所有する家屋に居住したことがなく」に該当しないことになり，小規模宅地の特例の適用が受けられないこととなります。

　税法上，建物内部で往来ができず，構造上の区分がある二世帯住宅の場合，被相続人の居住用部分以外で暮らす親族の居住部分については，被相続人の居住用宅地等に当たらず，その親族は同居親族に該当しないとされています。
　しかしながら，親子間でもプライバシーを尊重する社会環境もあり，平成22年度の税制改正後も存続した通達において，
　① 共同住宅はその全部を被相続人又はその親族が所有するものに限る
　② 小規模宅地の特例の適用を受ける親族が，被相続人が相続開始の直前に

居住の用に供していた独立部分以外の独立部分に居住していたこと
③ 被相続人の配偶者又は被相続人の独立部分に共に起居していた相続人がいないこと

以上の3要件が満たされており，他の独立部分に居住していた親族が「同居親族」と申告したときは，税務上においても，これを認めるとされています（措通69の4-21）。

平成25年度税制改正により，平成26年1月1日以後の相続について，一棟の二世帯住宅で構造上の区分があるものについて，被相続人及びその親族が各独立部分に居住していた場合には，その親族が相続又は遺贈により取得したその敷地の用に供されていた宅地等のうち，被相続人及びその親族が居住していた部分に対応する部分を特例の対象とすることとなりました。

③ 税務調査に備えて事前に準備する事項

❶ 老人ホームの入所状況がわかる資料を揃える

ケース1では老人ホームの入所により生活の拠点が施設に移転しているのか，自宅に残っているかが争点になります。

■老人ホームの契約書・重要事項説明書を確認する

特別養護老人ホーム，介護老人保健施設の入所の際は，契約書，重要事項説明書，入所利用契約書などが事業主との間で交わされます。これらの中に，契約の目的や適用期間，介護サービスの内容などが詳しく記載されます。その中から，入所の目的や終身利用権の取扱いなどから生活の拠点の判断根拠を調査します。入所一時金を支払っている場合などはその内容を精査します。

平成26年1月1日以後の相続については，被相続人に介護の必要があったことを証する書類を準備し，居宅の貸付け等をしていないことを明らかにしておきます。

■入所後の生活環境がわかるものを確認する

入所後の外泊や外出の状況が残された記録，空き家となっていた家屋が被相続人の起居に必要な動産等が保管され，家屋全体も起居可能なよう維持管理さ

れていた記録などが要求されます。

　介護老人保健施設のショートステイなどにより、施設での生活時間のほうが長い場合であっても、リハビリ等の記録から在宅復帰の意思がしっかり確認できれば生活の拠点は自宅にあるといえるため、リハビリ等の記録も確認できるように準備をしておきたいものです。

❷　二世帯住宅で同居親族に当たることを証する書類の準備
■同居親族であること記載した申告書を準備する

　構造上の区分により、建物内部で往来できないような二世帯住宅の場合、税法上では、原則として同居親族には該当しないとされています。

　しかし、上記の租税特別措置法基本通達69の4-21で、3要件と同居親族であることを申告している場合には、同居親族と認めるとされています。

　よって、住民票や公共料金の請求書などの3要件を満たしていることを証明できる書類や確定申告や年末調整の扶養欄等への記載がされたものなどを用意しておく必要があります。

　平成26年1月1日以後の相続では、特例の対象となる敷地は、被相続人及びその親族が居住していた部分に対応する部分となるため、家屋の図面等をもって対応する部分を証明することとなります。

第4章 被相続人のタイプ別 税務調査事例

Q37 広大地及び不動産鑑定により評価した土地

故Aさん（相続発生時86歳）は名古屋市及びその周辺に土地を多数所有していました。その土地のうちのほとんどは駐車場等の不動産賃貸に利用されている土地でしたが、以下のような不動産が含まれていました。

土地a 面積が2,500m^{2}ある広大な土地。接道部分は狭小で土地全体が緩やかな傾斜地となっている。

土地b 土地の上に歴史的な価値の高い建物が建っている。自治体に寄付の申請を行ったが、調査期間が短いという理由で却下された。土地自体は急な崖地の上、かつ接する道路は車両が通行不可能な幅である。

今回の相続税申告にあたり、土地aについては広大地として評価を行い、土地bについては相続税評価額と実際の時価との間に大幅な乖離が見られるため、不動産鑑定士に調査を依頼し、その鑑定価額を評価額として申告を行いました。

今回所轄税務署より税務調査に伺いたいとの連絡があり、後日顧問税理士立会いのもと、税務調査が行われました。故Aさんの相続財産の概要は以下のとおりです。

① 土地　　上記土地a　1億円
　　　　　上記土地b　4,000万円（相続税評価では8,000万円）
　　　　　その他土地　1億円
② 金融資産　2億円

A

1 税務調査官の狙い

今回の税務調査は「広大地」と「不動産の鑑定評価」の2項目を重点項目と

して調査を受けました。

❶　広大地
　広大地評価を行うためには，土地の面積の大きさだけでなく，さまざまな要件を満たす必要があります。調査官はその要件をチェックし，広大地に該当するかを判断します。

❷　不動産の鑑定評価
　不動産鑑定評価の正当性（なぜ相続税評価でなく鑑定評価を使用したか，適正な鑑定評価を行っているか等）を判断します。

2 税務調査の具体的な方法
❶　広大地の評価
■広大地とは
　広大地評価の対象となるには次の要件全てを満たす必要があります。
【その地域における標準的な宅地の地積に比して著しく広大な宅地であること】
　評価対象地が都市計画法施行令第19条第1項及び第2項の規定に基づき各自治体の定める開発許可を要する面積基準（以下「開発許可面積基準」といいます）以上であれば，原則として，その地域の標準的な宅地に比して著しく地積が広大であると判断することができます。
　なお，評価対象地の地積が開発許可面積基準以上であっても，その地域の標準的な宅地の地積と同規模である場合は，広大地に該当しません。
　［面積基準］
　　ⅰ　市街化区域，非線引き都市計画区域及び準都市計画区域（ⅱに該当するものを除く）
　　　……都市計画法施行令第19条第1項及び第2項に定める面積
　　　a．市街化区域
　　　　三大都市圏　………………………………………… 500m²

それ以外の地域 …………………………………… 1,000m²
　　b. 非線引き都市計画区域及び準都市計画区域 … 3,000m²
　ⅱ 非線引き都市計画区域及び準都市計画区域のうち，用途地域が定められ
　　ている区域……市街化区域に準じた面積
【都市計画法4条12項に規定する開発行為を行うとした場合に公共的施設用地の負担が必要と認められること】
　広大地の評価は，戸建住宅分譲用地として開発した場合に相当規模の公共公益的施設用地（潰れ地）の負担が生じる宅地を前提としています。戸建住宅の分譲を行った場合に，道路や公園等の開設が必要な場合には広大地に該当しますが，ゴミ置き場等の小規模の施設の開設のみが必要である場合には広大地には該当しません。
【大規模工場用地，中高層の集合住宅等の敷地用地に適している土地以外のもの】
　大規模工場用地とは一団の工場用地の地積が5万平方メートル以上のものをいいます。ただし，路線価地域においては，財産評価基本通達14-2《地区》の定めにより大工場地区として定められた地域に所在するものに限ります。また経済的に最も合理的であると認められる開発行為が中高層の集合住宅等を建築することを目的とするものであると認められるものは，いわゆるマンション適地として広大地に該当しないものとされています。

■広大地補正率の算式
　広大地の補正率は以下の算式により計算します。

$$広大地の補正率 = 0.6 - 0.05 \times \frac{広大地の地積}{1,000\text{m}^2}$$

■広大地と税務調査官の狙い
　広大地評価が否認されるケースの多くは以下の2つの場合です。
【マンション適地として否認される場合】
　評価対象地が，「中高層の集合住宅等の敷地用地に適しているもの」（中高層の集合住宅等の敷地用地として使用するのが最有効使用と認められるもの）か

どうかの判断については，その宅地の存する地域の標準的使用の状況を参考とすることになります。しかし戸建住宅とマンション等が混在する地域（主に指定容積率が200％以下の地域）については最有効利用の判定が困難な場合もあるため，このような場合には周囲の状況等により，明らかにマンション等の敷地に適していると判断される場合を除き，広大地に該当することとなります。

　一方，指定容積率が300％以上の地域内にある場合には，戸建住宅の敷地用地として利用するよりも中高層の集合住宅等の敷地用地として利用するほうが最有効使用と判断される場合が多いことから，原則として「中高層の集合住宅等の敷地用地に適しているもの」に該当することになります。

　地域によっては，指定容積率が300％以上でありながら，戸建住宅が多く存在する地域もありますが，このような地域は指定容積率を充分に活用しておらず，㋐将来的にその戸建住宅を取り壊したとすれば，中高層の集合住宅等が建築されるものと認められる地域か，あるいは，㋑たとえば道路の幅員などの何らかの事情により指定容積率を活用することができない地域であると考えられます。したがって，㋑のような例外的な場合を除き，評価対象地が存する地域の指定容積率が300％以上である場合には，「中高層の集合住宅等の敷地用地に適しているもの」と判断することになります。

　当事例の土地については，周囲に戸建住宅とマンション等が混在している指定容積率200％以下の地域であるものの，付近に存在するマンションはほとんどがバブル期の不動産市況が好調な時期に建設されたものであり，最近は10年以上新たなマンションは建設されていませんでした。

　また，それらのマンションの空室が目立っており，マンションを建設したとしても収益性は望めず，戸建の分譲地として販売するほうが有効な利用法と考えられました。

【公共公益的施設用地の負担がない，又は少ないと考えられる場合】

　土地の形状や接道の状況によっては，新たに道路を敷かなくても戸建分譲が可能な場合があります。下記のような場合がこれに該当します。

　ⅰ　間口が広く奥行きが標準的な場合

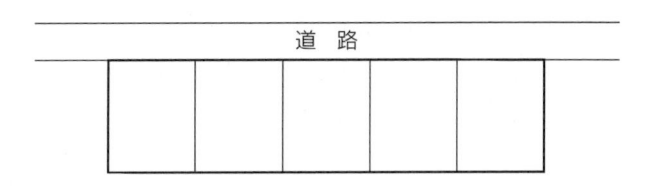

第4章 被相続人のタイプ別 税務調査事例

[図：道路に面した土地の区画]

ⅱ 多くの路線に接するため道路開設が必要ない場合

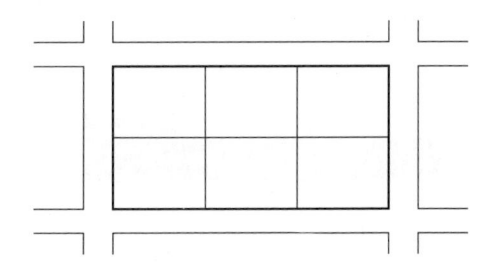

[図：多くの路線に接する土地]

ⅲ 旗竿状（路地状ともいいます）の土地として開発するのが合理的であると認められる場合

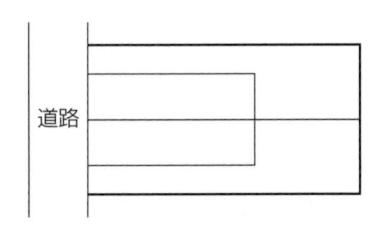

[図：旗竿状の土地と道路]

ⅳ 道路敷きとして土地を一部提供するが，道路開設は必要ない場合

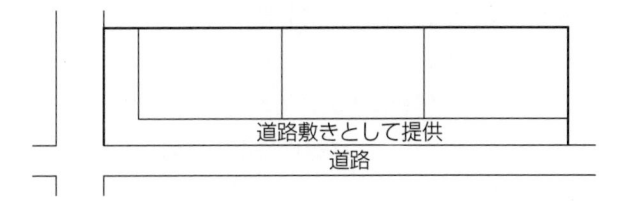

[図：道路敷きとして提供する土地]

ⅴ セットバック部分のみが必要な場合

　上記ⅰ～ⅴのような場合には公共公益的施設用地の負担が必要ないと考えられるため，広大地には該当しないこととされます。

-155-

当事例においても、道路開設の必要性が調査の焦点の1つになりました。当事例の場合には間口が全体の地積に比して狭く、道路を開設しないことには土地全体の有効利用は難しいと考えられました。

※当事例土地 a を開発する場合の想定図

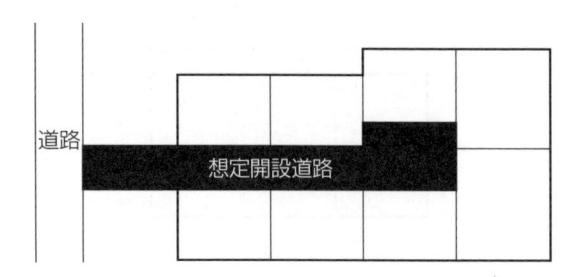

❷ 不動産の鑑定評価
■不動産の鑑定評価を行う場合

相続税法では相続財産は時価により評価すると定められています。しかし時価とは曖昧なものであり、また全ての財産について不動産鑑定士等の鑑定評価を行い、時価を算定することは、非常に難しいと思われます。

そこで国税当局は相続財産を評価する際の基準として「財産評価基本通達」を定め、実務上はこの通達に従って算定した価額を評価額とするのが一般的です。ただし「通達」は上級行政庁の下級行政庁に対する命令であって法規たる性質を有しておらず、それ自体は納税者を拘束するものではなく、納税者は通達に示されている行政庁の解釈に当然に従わなければならないものでありません。「財産評価基本通達」に従い、路線価による評価を行うと全ての土地が画一に評価され、その土地の持っている個別的要因は充分に考慮されず、その結果、不動産市場での適正な時価と大きく乖離した評価額となってしまう場合があります。その場合には「財産評価基本通達」はあくまでも「通達」であるため納税義務者自身が土地の鑑定評価を行い、その土地の持つ個別的要因を考慮した価額を評価額とすることが可能であると考えられます。

次のような土地については，実際の時価と財産評価基本通達に則して評価した価額が乖離してしまうケースが多くあります。
・土地の形状が著しく悪い
・無道路地
・土地の間口が狭い
・土地が接する道路が狭い
・崖地，傾斜地
・墓，鉄道路線等が隣接している
・不動産業者による売却査定額がかなり低い

前記のような土地について財産評価基準でも不整形地・間口狭小補正など，通常より価値が低いと認められる土地の評価減の規定はありますが，それもあくまで画一的な評価方法であり，実際の取引価額とは大きく異なってしまう場合が多くあります。

■不動産の鑑定評価と税務調査官の狙い

調査官はこちらが提出した土地の鑑定書を見て，財産評価基本通達に従った評価でなく，不動産鑑定による評価を行うことについて相当な理由があったかの判断を行い，またその鑑定評価が適正なものかの判断を行うことになります。

事例として挙げた土地は，上記に挙げた例のうち，極端な不整形，接する道路幅が狭い（車両が通行不可能），崖地，お墓が隣接している，不動産業者による売却査定額がかなり低い（相続税評価額の約半額）といった点が該当していました。加えて事例土地の上には被相続人の所有する歴史的な価値の高い建物（専門の研究者による調査が行われ，保存すべきとの意見をいただいています）が建っています。そこで自治体に寄付を申請しましたが，建物の維持に費用がかかること（これまでは，被相続人が自費でメンテナンスを行っていました）から短期間で結論は出せないという理由で，今回寄付の受入れは拒否されてしまいました。今後調査が進み，議論が進めめば寄付が受け入れられる可能性があり，相続人もそれを望んでいます。

このような理由から実際に更地にして宅地として売買することも難しいとい

う状況でした。

3 税務調査に備えて事前に準備する事項

❶ 広大地評価に対応する税務調査の事前準備事項

■マンション適地でないと指摘される場合に備える

　指摘を受けるのは，指定容積率が200％以下でマンションと戸建が混在する地域に存在する土地の場合が多いと思われます。最有効利用が戸建分譲であると証明するために，不動産鑑定士や宅地開発業者等にその土地を戸建分譲した場合の分譲価格・造成費とその土地の上にマンションを建築した場合の建築費・賃料等を査定してもらい，戸建分譲のほうが収益性が高いと証明できる資料を整えることが必要です。

■公共公益的施設用地の負担が不要と指摘される場合に備える

　その宅地を有効利用するために，道路の開設が必要かどうかが焦点となるため，不動産鑑定士等の宅地開発のプロに最有効利用による土地の開発想定図の作成を依頼します。結果として道路開設が必要ないとされた場合にも，誤った申告による多額の修正を回避でき，リスクヘッジにもなります。

❷ 不動産の鑑定評価に対応する税務調査の事前準備

　いうまでもなく不動産鑑定士による不動産の鑑定評価書が必要となります。
　また，不動産の鑑定評価が低いからといって無条件でその評価が認められるというわけではありません。財産評価基本通達で補いきれない特別要因があることを主張する必要があるため，その点についても鑑定士の意見書等を用意したほうがよいでしょう。不動産評価を行うにはもちろん費用が発生します。いくら評価額を減額できるからといって，納税の減少額を鑑定費用が上回ってしまっては元も子もないので，鑑定評価を依頼する際にはその費用対効果についても充分考慮すべきです。

5 海外資産

Q38 海外の金融資産や海外未上場株式

故Aさん（相続発生時は75歳）は配偶者と，相続発生の3年前よりオーストラリアに在住していました。長男Bさんとその家族は国内に住所があり不動産賃貸業を営んでいます。次男Cさんとその家族は1年前からシンガポールに在住しています。故Aさんの相続税申告は，顧問税理士Pに依頼し，すでに提出済みです。所轄税務署の資産課税部門の上席調査官より税務調査に伺いたいとの連絡がありました。日程を取り決めて，税務調査を受けることを了解しました。当日は上席調査官，調査官の計2人の調査官が長男Bさんの自宅を訪問し，顧問税理士Pが立会いのもと，調査官は海外に所有する金融資産や海外の未上場株式を中心に調査を進めました。故Aさんの相続財産の概要は次のとおりです。

① 土地建物（ゴールド・コースト他）　2億円
② 国内金融資産　3億円
③ 海外金融資産　8,000万円
④ 海外未上場会社（X社）の株式　2,000万円
⑤ 親族図

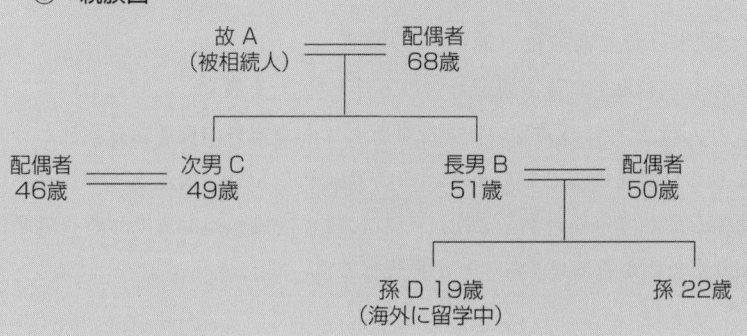

```
            故A ──── 配偶者
         （被相続人）   68歳
              │
      ┌───────┴───────┐
配偶者 ─ 次男C          長男B ─ 配偶者
46歳    49歳            51歳    50歳
                          │
                    ┌─────┴─────┐
                  孫D 19歳      孫 22歳
                （海外に留学中）
```

― 159 ―

A

1 税務調査官の狙い

今回の税務調査は,「海外に所有する土地建物」と「海外に所有する金融資産」,「海外の未上場会社の株式」の3項目を重点項目として調査を受けました。

❶ 海外に所有する土地建物

故Aさんはオーストラリアのゴールド・コーストやアメリカに土地建物を所有して居住しています。ゴールド・コーストの居住用の土地と建物は故Aさんと配偶者との共有名義となっています。土地建物の価額は鑑定評価により申告しました。これらの土地建物の購入の際に贈与税課税が発生していないか,またその土地建物の価額が適正であるかを調査することが調査官の狙いです。

❷ 海外に所有する金融資産

故Aさんはオーストラリアへの移住前(3年以前)から海外に口座を開設するとともに定期的に海外送金を行っており,海外に預貯金と有価証券等を所有していました。これらのうちに相続税の申告がされていないものがないかを調査することが調査官の狙いです。

❸ 海外の未上場会社(X社)の株式

故Aさんは海外に未上場会社(以下「X社」)を設立し経営していました。故AさんはX社に株式等の資産を移転しており海外の資産保有会社としてのX社の株式を所有しています。ここではそのX社に資産を移転した際に課税関係が生じていないか,また,そのX社の評価額の計算上,所有資産に計上漏れがないかを調査することが調査官の狙いです。

2 税務調査の具体的な方法

❶ 海外に所有する土地建物

■土地建物の評価

　最近では急激な円高や財政懸念，震災の不安などからキャピタル・フライトが増加し，海外で不動産を購入するケースも増えています。

　この場合にポイントとなってくるのが，その土地建物の相続税評価額です。相続税法第22条では相続等により取得した財産の価額は「時価」によるとされています。この「時価」に法律での明確な規定がないことから申告にあたっては，国税庁が定めた財産評価基本通達に基づき評価を行うこととなっています。しかし，海外の土地等に路線価が付いていることなど皆無です。そのため海外に所有する土地建物は路線価や評価倍率といった方法ではなく，財産評価基本通達5-2の国外財産の評価によることになると考えられます。

　財産評価基本通達5-2では，原則として評価通達に定める方法によるべきであるが，それによることが難しい場合には課税上の弊害がない場合に限り下記の評価によることとされています。

　① 売買実例価額，精通者意見価格等を参酌して評価
　② その財産の取得価額又は譲渡価額を基に時点修正して求めた価額による評価

■海外の土地建物の評価と税務調査官の狙い

　故Aさんが所有するゴールド・コーストのような一部の土地建物には，購入希望者にも人気があり，参考となるような売買の事例があることもあります。しかしながら相続税法が及ばず，売買の事例が全くないような土地もあります。

　そこで「精通者意見価格」を評価の参考にすることがありますが，この「精通者意見価格」は国内の土地建物であれば不動産鑑定士に報酬を支払い，しっかりとした鑑定書を作成してもらうことができます。

　また，その鑑定書の評価額も複数の不動産鑑定士に依頼したとしても大きな差が生まれることもあまりありません。しかしそれは国内の場合であって海外

の場合では異なります。海外で土地建物の鑑定評価を依頼した場合にはその相手によって驚くほどの差が出ることもあります。

そのため申告した海外の土地建物について下記の内容の根拠を確認することが調査官の狙いとなります。

① 海外に所有する土地建物について売買の事例がないか
② 申告した鑑定評価額が信頼できるものか（課税時期の時価として合理的な評価額であるか）
③ 被相続人が取得したときの取得価額はいくらか
④ 対顧客直物電信買相場（TTB）により円換算されているかもちろん海外に所有する土地建物の申告漏れにも気をつける必要があります。被相続人の州税・市税等の納付の有無，海外の土地等の登記事項証明書を確認するとともに，なにより海外で生活されていた場合にはその生活習慣等を確認しておくことが重要です。

❷ 海外に所有する金融資産

■海外に所有する金融資産の評価

相続税の申告では，被相続人が海外の金融機関に預け入れていた預貯金等は，各相続人の取引金融機関が公表する課税時期における最終の為替相場（対顧客直物電信買相場＝TTB）で円換算した価額とされています。海外市場で取引されている株式等の有価証券の評価は財産評価基本通達の上場株式の評価方法に準じて評価することとなっています。

■海外に金融資産を所有する場合の税務調査官の狙い

故Aさんはオーストラリアへの移住前（3年以前）から海外に口座を開設するとともに定期的に海外送金を行っており，海外に預貯金と有価証券等を所有していました。

現在では日本人が海外の金融機関に口座を開設することが比較的容易に可能です。国内の金融機関等（都市銀行）も，海外の金融機関を子会社としている場合等もあり，国内の金融機関から海外の金融機関等への送金や外国国債等を

購入することができますし，頻繁に国内と海外を往復することも可能です。下記の項目に該当する場合に被相続人に係る相続財産に該当する海外財産のチェックをすることが調査官の狙いです。

【定期的に海外の金融機関や証券会社に送金等をしていた場合】
実質的な所有者と申告漏れがないかのチェックをします。
○被相続人やその家族が，海外の金融機関や証券会社に口座等がある場合，その口座等は誰が管理していたか
○被相続人やその家族が利用していた海外の金融機関や証券会社はどこか，またどのように取引をしていたか
○海外の金融機関や証券会社の口座等が申告されているか

【頻繁に国内と海外を往復していた場合】
宝石や貴金属等の財産の持ち出し，海外の金融機関や証券会社等を利用してないかをチェックします。
○海外の金融機関で貸金庫の利用はあるか
○海外に行った際の滞在先や頻繁に旅行等で訪問していた国・都市はどこであったか
○海外の未上場会社等への資産の売却等はあったか
○海外の金融機関等への送金や入金はなかったか

【海外の会社から高額な資産の購入等があった場合】
財産的価値のある海外資産の申告漏れがないかのチェックをします。
○海外の金融機関等への送金がある場合，その相手先はどこであったか
○高額な支払いがある場合にはその納品書や請求書等の内訳
○海外の金融機関や証券会社の口座等が申告されているか
○財産的価値のある資産を所有している場合にその申告がされているか

【子や孫等の家族が海外に住んでいる又は海外留学している場合】
名義貸しの海外資産がないかのチェックをします。
○子や孫等の家族への生活費等の海外送金をしていた場合に，その口座等が貯蓄として残っていないか

○被相続人の配偶者や家族名義の海外の金融機関や証券会社が存在している場合に誰が管理しているか
○被相続人からその家族に海外資産の生前贈与がなかったか
○子や孫等の名義で購入した海外資産がないか

　平成24年度税制改正により一定額を超える国外財産を保有する個人に対して，その保有する国外財産調書の提出が義務付けられました。これは日本国内の金融機関や証券会社の窓口で購入した外貨預金や外国国債等もその対象に含まれます。またそれとは別に金融機関は，一回当たりの海外の金融機関からの入金及び海外の金融機関への送金があった場合に，その年月日や，金額，口座番号，目的等を記載した「国外送金等調書」を税務当局に提出することとなっています。

■国外財産調書制度

　国外財産調書とは，その年12月31日に所有する国外財産の価額の合計額が5,000万円を超える居住者は，その財産の種類，数量，価額その他必要な事項を記載した調書を，翌年3月15日までに税務署長に提出しなければならないものです。その対象範囲は下記のとおりです。

　なお，これは平成26年1月1日以降に提供すべき国外財産調書に適用されます。

国外財産の範囲と判定基準

土地・建物	土地・建物の所在地
預金	営業所，事業所（支店）の所在地
株式・社債	発行会社の本店等所在地
投資信託	引き受けをした営業所・事務所の所在地
外国国債	発行国の所在地

❸　海外の未上場会社（X社）の株式

■海外の未上場株式の評価

　海外の未上場株式の相続税評価額についても，財産評価基本通達に準じて評

価することと考えられます。ただし海外の未上場株式は財産評価基本通達による「類似業種比準価額」で評価することが実務上難しく，一般的には「純資産価額方式」を採用することとなります。さらに純資産価額方式によっても評価することが合理的でないと考えられるような場合には，その未上場株式を発行する本店等が所在する国の法定評価方法の採用を検討することも考えられます。

財産評価基本通達5-2において「国外にある財産の価額についても，この通達に定める評価方法により評価することに留意する」と定められていることから，「原則的評価方式」又は「配当還元方法（課税上の弊害がないと認められる場合に限定されます）」を採用することと考えられます。しかし類似業種比準価額は日本の未上場会社の株式評価方法であり，経済環境の全く異なる海外会社の評価について，日本の上場会社の株価及び配当，利益金額，純資産の指標に基づくことは合理的でないことが明確です。また，故Aさんのように資産保有会社であれば財産評価基本通達での株式保有特定会社や土地保有特定会社等に該当することも多く実務的にも「純資産価額方式」を採用することが合理的であると考えられます。

■海外の未上場株式がある場合の税務調査官の狙い

故Aさんは海外に未上場会社（以下「X社」）を設立し経営していました。故AさんはX社に株式等の資産を移転しており海外の資産保有会社としてそのX社の株式を所有しています。

故Aさんが所有するX社の評価について純資産価額方式を採用する場合には，日本の取引相場のない株式を評価するときと同様にX社名義の土地建物，預貯金や有価証券等を把握した上で，時価評価する必要があります。このような場合の調査官の狙いは次のとおりです。

> **POINT　海外未上場株式のチェックポイント**
> イ　純資産価額方式を採用している場合に，その会社の資産・債務が全て計上されているか
> ロ　純資産価額方式で評価した資産・負債の評価が財産評価基本通達

> に該当しない場合に，その評価が適切に行われているか
> ハ　被相続人名義の資産と海外会社の資産が混合されていないか
> ニ　海外会社の預貯金等から使途不明な多額の出金等がなかったか
> ホ　被相続人やその家族から海外会社に資産を売却等した際に課税関係が生じていないか
> ヘ　海外会社の株式を子や孫等に贈与している場合に贈与税の申告が行われていたか
> ト　未上場株式の評価を配当還元方式により行っている場合には，その還元率に妥当性があるか

　海外未上場株式の評価にあたり，純資産価額方式を採用する場合に，上記のほかにも検討が必要です。たとえば貸地や借地権等の評価，営業権の評価など財産評価基本通達において規定があっても日本経済の実態を反映させる評価方法についてはその国における財産的価値や経済の実態を把握した上での評価が必要です。

③ 税務調査に備えて事前に準備する事項

❶ 海外に所有する土地建物に対応する税務調査の事前準備事項

　海外の土地建物を評価する上で最も問題になることは，その土地建物の評価の「根拠」です。「時価」について法律での明確な規定がないことから，申告には税務調査を想定した合理的な時価の根拠が必要となります。そのため「売買実例価額」や「精通者意見価格等」を調査することとなりますが，その土地建物を取得したときの売買契約書や領収書等から取得価額を確認するとともに，土地建物の登記事項証明書や納税証明等から所有者（名義）を確認することも必要です。

　また，被相続人が生前に土地建物を同族会社に売却している場合や，子や孫等の家族に贈与していること等もありますので，家族名義の国外資産や名義変更時の課税関係も確認しておく必要があります。

❷ 海外に所有する金融資産に対応する税務調査の事前準備事項

　平成24年度税制改正により一定額を超える国外財産を保有する個人に対して，その保有する国外財産調書の提出が義務付けられていますので，被相続人が国外財産調書を提出している場合には必ず確認して申告漏れがないようにする必要があります。なにより海外資産を調査するためには，被相続人の過去の預貯金や有価証券の動き，国内と海外の往復，被相続人やその家族の海外生活の有無等といった被相続人の生活習慣を把握することが必要不可欠となります。

❸ 海外の未上場会社株式に対応する税務調査の事前準備事項

　被相続人や配偶者その他家族が，海外の未上場株式を所有する場合には相続発生時の海外未上場会社の合理的な評価方法を慎重に検討することはもちろん大切なことですが，その海外未上場会社の設立や手続きを誰がどのような経緯で行い，誰の資産をどのように移転したのか，株主構成はどうなっているのか，さらにその会社の取引内容に問題がなかったかを確認する必要があります。

Q39 海外資産

　故Aさんはファーストフードのチェーン店を展開するX社のオーナー社長でした。本人一代で30店舗の直営店及び90店舗の加盟店を運営し，海外にも米国に現地法人Y社を設立して事業展開を開始したAさんは，次の事業承継者として長男Cさん（永住権取得済み）をX社の海外事業部担当取締役とし，現地法人Y社の社長に任命して居住させ経営戦略，事業管理の経験を積み上げさせていました。Aさんは米国の永住権を取得し，同じく永住権を取得している妻のBさんと年の大半を米国の居所で暮らし，同国での市場・業界動向，店舗開発運営，厨房機材，食材開発，メニュー開発などのマーケティング戦略を中心とした経営業務をCさんとともに行っていました。

　次男のDさんは日本国内の企業に勤務しています。相続発生時は相続申告を法定期限内に済ませ，納税も完了して1年半ほど経ったときに所轄の税務署の資産課税部門担当官から税務調査の事前通知を受けました。1日ほど故Aさんの自宅でCさんの母親Bさんとともに調査を受けることとなりました。調査官は，X社株式の生前贈与，売買取引，海外現地法人Y社とAさんが生前に株式の売買を行っていたことからこれらの項目を中心に調査を進めました。故Aさんの相続財産の概要は次のとおりです。

　なお，贈与税，相続税申告にあたりCさんは制限納税義務者として国内資産の申告をし，米国内資産は米国連邦遺産税を納めて日本では租税条約に従って税額控除を行いました。

　故Aさんの相続財産の概要は次のとおりです。
① 土地建物　1億円　（うち米国内5,000万円）
② X社株式　2,700万円
　　X社は資本金5,000万円，売上高26億円，総資産価額25億円，従業員数120名の中小企業です。自社株の評価は「大会社」

で1株9万円（生前贈与、売買時点の株価は類似業種比準価格で1株8,000円）です。発行株式総数は10,000株で、所有割合は故Aさん3％、Bさん2％、Cさん65％、Y社30％です。

　Cさんはすさんから生前に株式の贈与を受けました。
③　Y社株式　2,160万円　（米国現地法人）

　Y社は資本金1,000万円、売上高3,000万円、総資産価額7,400万円、従業員数10名の中小企業です。自社株の評価は「小会社」で1株108万円です。発行株式総数は200株で、所有割合は故Aさん10％、Bさん10％、Cさん80％です。

　CさんはAさんから生前に株式を譲り受けました。
④　金融資産　1億円　（うち米国内3,000万円）
⑤　親族図

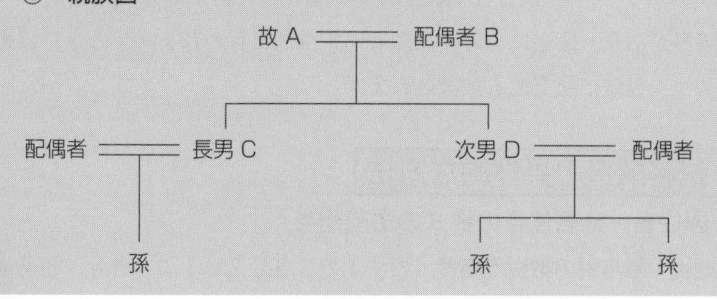

```
        故A ══════ 配偶者B
         ┌──────────┴──────────┐
配偶者══長男C              次男D══配偶者
    │                      ┌────┴────┐
    孫                     孫        孫
```

A

1　税務調査官の狙い

　今回の税務調査は、居住者・非居住者の「株式の生前贈与」と「株式の売買」及び「海外資産」の3項目を重点として調査を受けました。

❶　居住者・非居住者の株式の生前贈与

　納税義務者、課税財産の範囲、海外法人の株価評価・外貨換算、贈与税の課税制度、租税条約、被相続人、相続人の住所地判定、相手国の制度、相手国言

語による資料など海外資産の相続税，贈与税調査は調査要点が多岐にわたります。昨今の企業の海外進出，資産家の海外移住など調査官の狙いも多岐にわたります。

❷　居住者・非居住者間の株式の売買

海外現地法人の株式の売買についても取引価格の適正性，売買の実在性，代金決済の確認，日本におけるみなし贈与の課税の可否，など調査官の調査要点は国際的な租税回避の可能性も想定してしっかり狙いを定めてきます。

❸　海外資産

相続税申告での申告漏れの可能性が高く，海外資産については情報収集にも限界があること，相手国での課税制度の違いなど机上調査，準備調査にも限度・限界があり，臨宅による実地調査が重点的に行われます。ときには租税条約に基づく税務情報交換も検討されます。

2　税務調査の具体的な方法

❶　居住者・非居住者の株式の生前贈与

■相続税・贈与税の納税義務者（相法1の3各号又は1の4各号，相基通1の3，1の4共-3）

相続税・贈与税の納税義務者については次のように区分し定められ，取り扱われています。

【無制限納税義務者】
①　相続又は遺贈により財産を取得した個人でその財産を取得した時において日本国内に住所を有するもの
②　相続又は遺贈により財産を取得した日本国籍を有する個人でその財産を取得した時において日本国内に住所を有していないもの（その個人又はその相続若しくは遺贈に係る被相続人（遺贈をした人を含みます）がその相続又は遺贈に係る相続の開始前5年以内のいずれかの時において日本国内

に住所を有していたことがある場合に限ります）

【制限納税義務者】

相続又は遺贈により日本国内にある財産を取得した個人でその財産を取得した時において日本国内に住所を有していないもの（非居住無制限納税義務者に該当する人を除きます）

【特定納税義務者】

贈与により相続時精算課税の適用を受ける財産を取得した個人（上記無制限納税義務者及び制限納税義務者に該当する人を除きます）

■納税義務者別の課税財産の範囲について（相法2,2の2,相基通1の3,1の4共-3）

そして，課税される財産については，納税義務者の区分に応じて次のように定められています。

【無制限納税義務者（居住無制限納税義務者又は非居住無制限納税義務者）の場合】

国内財産，国外財産及び相続時精算課税適用財産

【制限納税義務者の場合】

国内財産及び相続時精算課税適用財産

【特定納税義務者の場合】

相続時精算課税適用財産

■財産の所在と税務調査官の狙い

相続財産を国内と国外に区別する判定基準は相続税法第10条にて規定されています。その中で株式，出資に関しては同条第1項第8号に社債若しくは株式，法人に対する出資については，社債若しくは株式の発行法人，当該出資のされている法人の本店又は主たる事務所の所在によるとされています（相法10①8）。

本事例ではAさんは米国に現地法人Y社を設立して相続発生時において株式を所有していたので，当該株式は国外財産とされます。このほかに調査官は，Aさんが米国その他に申告すべき資産を所有していないかどうかに調査

要点として狙いを置きます。

■居住・非居住の判定と税務調査官の狙い

　相続税法ではこれまで述べてきたように無制限納税義務者，制限納税義務者，特定納税義務者に区分し，さらに無制限納税義務者を居住無制限納税義務者と非居住無制限納税義務者（日本国籍のある者で相続開始前5年以内に日本国内に住所のあるものに限定）とに区分しています（相法2，2の2，相基通1の3，1の4共-3，1の3，1の4共-4）。ここで問題となってくるのは居住，非居住の別です。相続税では財産を取得した時に日本国内に住所地があるか否か，国籍があるかないかが判定要素となります。ここでいう住所とは，「住所地とは各人の生活の本拠をいう」とし，また「その生活の本拠であるかどうかは，客観的事実によって判定するものとする。」とされています（相基通1の3，1の4共-5）。

　所得税法とは異なる規定となっていますが，いずれもその定義規定はなく民法の規定によっています。所得税法施行令では，住所推定の判断要素として「期間」「住居」「職業」「国籍」「生計を一にする親族」「財産の所在」を挙げています。いくつかの判例もそれを支持しています（民法22，所法15）。

　本事例の場合，相続人Cさんは年のほとんどを米国で滞在し，自宅も所有しており，日本国内に比べると規模が小さいが米国内での業務も役員として多忙であり，米国の永住権を取得しており，さらに，妻子も米国で暮らし，生活に必要な財産を備えている状況です。贈与，相続とも制限納税義務者として日本での申告，米国での申告をし，税額控除を受けていますので調査官はCさんの住所判定の要件を検証することが調査要点となり狙いとなります。

■租税条約

　租税条約では，相手国とわが国と異なる税法による二重課税を防止するため，あるいは租税回避防止のために各国間で締結をしています。租税条約は所得税，法人税が主となります。相続税・贈与税に関する租税条約を締結しているのは，現在米国のみとなっています。両国の間での相続税・贈与税に関する租税条約で基本となるのは納税義務，財産の所在であるといえます。米国の相

続に関する定めは日本のそれと大きく異なりますが，やはり居住，非居住，永住権，国籍による課税，国内財産，国外財産がポイントとなっており，米国では被相続人が米国市民，米国居住者でなくてもアメリカ所在資産には遺産税が課税されますし，被相続人が米国市民，米国居住者である場合には日本所在資産にも遺産税が課税されます。したがって複雑な二重課税が生じます。ただ租税条約によって日本，アメリカにおいて外国税額控除を受けることができます。

調査官は事前調査，実地調査においてこの外国税額控除に関し検証します。

日本とアメリカは日米相続税条約を締結していますが，アメリカ以外の国とは相続税及び贈与税に関する二重課税回避措置がとられていないため，国境を越える国際相続や国際贈与が生じたときには国内法による規定を適用することになります。

■国外財産の評価に対する税務調査官の狙い

国外財産の日本での相続税申告においての評価は次のように取り扱われています。「国外にある財産の価額についても，この通達に定める評価方法により評価することに留意する。なお，この通達の定めによって評価することができない財産については，この通達に定める評価方法に準じて，又は売買実例価額，精通者意見価格等を参酌して評価するものとする。」（財評基通5-2）

したがってY社の株式，米国不動産・金融資産についてもこの財産評価基本通達によるわけですが，評価ができない場合には，たとえば取得価額をベースに同一資産の価格動向，経済指標の変動等を加味して評価するか，相続後に売却した場合はその価額を利用するなど実務的には研究のいるところです。なお，邦貨換算については，原則として，納税義務者の取引金融機関が公表する課税時期における最終の為替相場（邦貨換算を行う場合の外国為替の売買相場のうち，いわゆる対顧客直物電信買相場又はこれに準ずる相場）によります。したがって調査官はこれらの評価方法，換算方法の妥当性を調査要点として狙いを定めます。

❷ 居住者・非居住者の株式の売買
■売買価格に対する税務調査官の狙い

　国内の事例にもあるように「みなし贈与」「売買価格の評価の妥当性」に関して同様に検証されます。売買価格を決定するための株式価格の評価は評価通達を適用して算定しますが，困難な場合は現地の会計事務所等米国の遺産税に精通している専門家に依頼するなど合理的な代替手続きをとる必要があります。

■居住・非居住の判定と税務調査官の狙い

　該当取引に関し，調査対象者が日本国において納税義務があるかどうか，その者の住所地判定，資産の所在判定など❶に記述した点が調査官の調査要点となります。

❸ 海外資産
■海外資産に対する税務調査官の狙い

　海外資産の把握は困難を伴います。取引金融機関が判明しておればいいのですが申告漏れをする可能性があります。米国では銀行取引もジョイントアカウントなど夫婦での共通口座があったり，カリフォルニア州では不動産が共有となっているなど日本との法制度の違いから所有権の帰属を明らかにすることにも困難があり，留意すべきことがあります。

　金融資産，有価証券，不動産の相続時点の時価評価に関しても専門機関に依頼すべき事態が起こります。調査官も国際担当など海外情報に長けた担当者が関与してくると予想されます。

■当該国での相続税，遺産税の申告書

　調査対象者及び相続人，相続遺産にかかる申告書について国内資産，海外資産の申告内容について調査官は閲覧を求めることとなります。

■海外送金，入金取立記録に対する税務調査官の狙い

　被相続人の国内銀行取引のうち海外への送金，海外からの入金記録について事前の資料情報，被相続人の手元にある海外との連絡文書，書類に基づいてその内容を吟味し海外資産の存在を疑わせる事項について調査します。

2 税務調査に備えて事前に準備する事項

❶ 居住者・非居住者の株式の生前贈与

■贈与契約書を確認する

　国内事例の別稿においても述べましたが，贈与契約書が必要とされます。証拠資料としての贈与証書によって贈与の実在性，贈与対象株式，株式数，贈与日付について検証が行われます。

■会社決算書，株価計算報告書

　株式の評価計算の基礎となる会社決算書，総勘定元帳を準備し，株価評価の判定が適正であることを立証できるようにしておく必要があります。

❷ 居住者・非居住者の株式の売買

■株式売買契約書などの取引証憑の確認

　Y社株式の売買について，調査官は売買契約書，資金決済資料などの関連書類，証票を確かめ取引が真正に行われたものかどうか検証します。

■売買価格算定基礎資料の確認

　株式の売買価格について，その計算根拠資料を調査官は確認します。贈与の場合と同様に会社決算書，現地の会計事務所に依頼した株価計算報告書があれば用意をする必要があります。

■米国確定申告書の確認

　米国の居住者は株式の譲渡所得に関して全世界の所得に課税されます。したがって事例の場合，Aさんは米国で確定申告をし，納税を行っているはずです。その申告書が保存されているかどうか確認する必要があります。

❸ 海外資産

■預金取引記録の準備

　海外預金など金融資産について被相続人の銀行預金，証券残高を証明する書類，取引記録について提示できるように準備が必要です。ジョイントアカウントなど被相続人と配偶者との共通口座の帰属に関する説明ができるよう準備す

る必要があります。不動産については日本と異なった取引制度，登録制度ですので不動産譲渡証書，権原保険などの資料を準備する必要があります。

■当該国の相続税，遺産税の申告書

　当該国で相続税，遺産税などの申告をしている場合には，その申告書，関連書類を確認する必要があります。

第5章

贈与税・譲渡所得に係る留意点

1　贈与税の調査

Q40　相続税調査の際に行われる贈与税の税務調査

　平成22年12月25日に，主人（78歳）が亡くなり，相続人（妻の私74歳，長男48歳，長女46歳，いずれも相続開始時）が，遺産の全てを相続し，税理士に依頼して申告期限までに申告書を提出し，納税を済ませました。

　相続税の税務調査は，まだですが，相続税の税務調査時に，贈与税の調査も同時にされると聞きました。

　贈与税の調査についてお聞かせください。また，注意すべき事項があればご指導ください。

　なお，相続開始後，妻である私の取得した財産から，概ね次のような資金の異動があります。

　家族構成は，長男夫婦と孫A19歳・孫B17歳（4人は私と同居），長女夫婦と孫C20歳・孫D18歳は他府県在住です。

① 孫Aの，平成23年の私立医大入学に伴い，入学金1,000万円・授業料600万円を大学に振り込み，アパートの家賃・生活費を1年間まとめて，480万円を孫Aの口座に振り込みました。

　なお，平成24年の授業料600万円も，4月に納付しましたが，アパートの家賃・生活費は，4月から毎月30万円を支払っています。

② 平成23年11月に孫Bと，孫C，孫Dにも，非課税枠の，各110万円を贈与していますが長女の孫C・Dの2人には，長女の口座にまとめて振り込みました。

③ 長男の負担すべき相続税の納税資金について，長男が資金不足のため1,200万円は，私が立替えて支払い，毎月，少しずつ返してもらう約束ですが，まだ一度も入金はありません。

④ 自宅の建物は，長男が相続しましたが，私の老後のためにと，この

たび，増改築工事をしました。工事代金 500 万円は，私が負担しました。
⑤　その他，同居する 5 名の生活費は，毎月約 40 万円は私が支払っています。

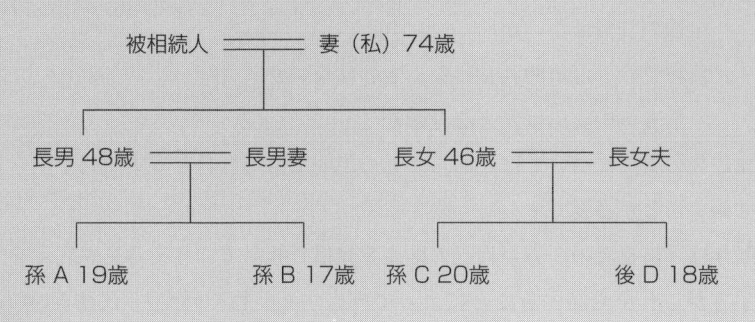

```
          被相続人 ══════ 妻（私）74歳
    ┌─────────┴──────────┐
  長男 48歳 ══ 長男妻      長女 46歳 ══ 長女夫
  ┌──┴──┐              ┌──┴──┐
孫A 19歳  孫B 17歳    孫C 20歳  後D 18歳
```

A

1　税務調査官の狙い

　一般的に，贈与税のみでの，臨宅による税務調査は少ないようです。大半は「お尋ね」や，税務署への「呼び出し」になります。したがって，相続税の調査時に，贈与税も関連して調べることになると思われます。
　調査官は，本来の相続税の調査と同時に，贈与税に該当するものはないか調査します。
　相続開始以前の資金移動で，相続人に関するものは，相続財産として認識し，相続税額の増加として認識することは当然のことですが，相続人以外の贈与についても確認されます。相続開始後から，相続税の申告期限，さらに，調査日当日までの資金の異動についても確認します。

2　税務調査の具体的な方法

　調査官は，関係する金融機関へも出向き，被相続人に関する相続人の預金口座の異動はもちろん，相続人でない家族の預貯金口座の異動も確認します。

筆跡,預け入れや引き出し時間も調べてきます。

特に,贈与に関しては,次の項目が調査重点項目として確認されます。
- 遺産分割協議書に従い,正しく分割されているか
- 暦年贈与等で,贈与税の申告漏れに該当するものがないか
- 金銭の貸借はないか
- 債務免除・経済的利益になるものはないか
- 生活費等の支出は妥当な金額か

預貯金の異動については,あらかじめ説明できる資料と事実関係を明らかにしておくことが必要です。

贈与は「当事者の一方が自己の財産を無償で相手方に与える意思表示をし,相手方がこれを受諾することによって成立する契約をいう」(民法549)とありますから,贈与した側はもちろん,贈与を受けた側も,贈与の認識が必要です。

ときには,受贈者に,贈与でもらった認識のないことがありますから注意が必要です。

③ 税務調査に備えて事前に準備する事項

❶ 教育費に充てるためのものについて

孫Aに対する,大口の資金異動は,医学部の入学金と,授業料であることを証明するため,医学部の入学案内・入学金・授業料の額を示す資料と,実際の振込記録・預金の引き出し記録等をコピーしておくべきです。

相続税法基本通達21の3-5で「生活費又は教育費に充てるためのものとして贈与税の課税価格に算入しない財産は,生活費又は教育費として必要な都度直接これらの用に充てるために贈与によって取得した財産をいうものとする。したがって,生活費又は教育費の名義で取得した財産を預貯金した場合又は株式の買入代金若しくは家屋の買入代金に充当したような場合における当該預貯金又は買入代金等の額は,通常必要と認められるもの以外のものとして取り扱う」とされています。

アパートの家賃・生活費の年間一括払いは，問題が生じやすくなります。480万円は，すでに1年経過していますが，学部や研究科目による参考書代・研究費等妥当な金額であること，ほかに運用したり，残高がないことも証明しておくことが必要です。

通常必要とされるもの以外のものは贈与対象となりますから注意してください。

❷ 教育資金の一括贈与に係る贈与税の非課税措置（平成25年度税制改正）

■概要

受贈者（30歳未満の者に限る）の教育資金に充てるためにその直系尊属が金銭等を拠出し，金融機関（信託会社（信託銀行を含む），銀行及び金融商品取引業者（第一種金融商品取引業を行う者に限る）をいう）に信託等をした場合には，信託受益権の価額又は拠出された金銭等の額のうち受贈者1人につき1,500万円（学校等以外の者に支払われる金銭については，500万円を限度とする）までの金額に相当する部分の価額については，平成25年4月1日から平成27年12月31日までの間に拠出されるものに限り，贈与税を課さないこととされます。

（注）教育資金とは，文部科学大臣が定める次の金銭をいう。
① 学校等に支払われる入学金その他の金銭
② 学校等以外の者に支払われる金銭のうち一定のもの

■申告

受贈者は，本特例の適用を受けようとする旨等を記載した教育資金非課税申告書（仮称）を金融機関を経由し，受贈者の納税地に所轄税務署長に提出しなければならないとされます。

■払出しの確認等

受贈者は，払い出した金銭を教育資金の支払いに充当したことを証する書類を金融機関に提出しなければならないとされます。

金融機関は，提出された書類により払い出された金銭が教育資金に充当されたことを確認し，その確認した金額を記録するとともに，当該書類及び記録を受贈者が30歳に達した日の翌年3月15日後6年を経過する日まで保存しなければならないとされます。

■終了時
① 受贈者が30歳に達した場合
　イ　調書の提出
　　金融機関は，本特例の適用を受けて信託等がされた金銭等の合計金額（以下「非課税拠出額」という）及び契約期間中に教育資金として払い出した金額（上記「払出しの確認等」により記録された金額とする）の合計金額（学校等以外の者に支払われた金銭のうち500万円を超える部分を除く。以下「教育資金支出額」という）その他の事項を記載した調書を受贈者の納税地の所轄税務署長に提出しなければならないとされます。
　ロ　残額の扱い
　　非課税拠出額から教育資金支出額を控除した残額については，受贈者が30歳に達した日に贈与があったものとして贈与税を課税します。
② 受贈者が死亡した場合
　イ　調書の提出
　　金融機関は，受贈者の死亡を把握した場合には，その旨を記載した調書を受贈者の納税地の所轄税務署長に提出しなければならないとされます。
　ロ　残額の扱い
　　非課税拠出額から教育資金支出額を控除した残額については，贈与税を課さないとされます。

❸　暦年贈与について

　孫Bは，贈与税の基礎控除110万円の範囲と思えますが，孫Bに長男夫婦や，その他からの同一年の贈与はないか，確認しておいてください。
　孫C・孫Dへの贈与分は，いったん，長女に振り込んだとのことですが，

本来の主旨どおり，孫C孫Dに渡したか確認する必要があります。長女の預金口座のままだと，母から，長女への220万円の贈与と認定される可能性があります。

贈与税の課税があるなしにかかわらず念のため，孫たちとの間で，双方に贈与の意思があることを確認するために，それぞれに「贈与契約書」を作成されることをお勧めします。

❹ 債務免除になるものについて

次に，長男の相続税の納税資金の立替ですが，「金銭消費貸借契約書」を早急に作成し，合理的な期間で，合理的な金額を，返済している事実のあることが必要です。

いわゆる"あるとき払いの催促なし"は贈与と認定されかねません。

また，毎月の返済は，現金ではなく銀行口座を通じて行い，後日のためにも記録を残すようにしてください。

特に親族間には，このあたりが曖昧になりがちです。「形式」と「実体」の両方が必要です。

❺ 経済的利益について

自宅の建物の増改築については，確認したところ，改築前の家屋の時価は1,500万円，取得した時の価額から減価の額を差し引いた価額もほぼ同額と考えられます。

家屋が，長男の所有であり，増改築の部分の資金を，母である，あなたが支出したことで，長男が，その増改築分に相当する経済的利益を受けたことになります。このままだと，贈与税を課される可能性があります。

ただし，家屋の持分を以下のように変更し，登記を直すことで，贈与税の課税はありません。

持分割合，長男4分の3，母4分の1とする。

長男　$\dfrac{1{,}500\,万円}{1{,}500\,万円 + 500\,万円} = \dfrac{3}{4}$

母　　$\dfrac{500\,万円}{1{,}500\,万円 + 500\,万円} = \dfrac{1}{4}$

　なお，長男の立場からは，4分の1を，母に譲渡したことになりますが，家屋の時価と取得した価額から減価の額を差し引いた価額が同額であることから，譲渡所得は課税されません。

❻　その他生活費について

　「扶養義務者相互間において生活費又は教育費に充てるためにした贈与により取得した財産のうち，通常必要と認められるものは贈与税の課税価格に算入しない」(相法21の3)とされています。
　特殊な支出である，結婚式の費用や，成人式の費用等であっても，社会通念上妥当なものは，この範囲に入るとされています。
　月々40万円が，その範囲内なら，贈与税の問題はないと考えます。

2　相続時精算課税制度

Q41　相続時精算課税贈与をした後の相続税の税務調査

平成 22 年 11 月 2 日に A さんが死亡し，相続人である長女 B さんは被相続人 A さんの遺産を全て相続することとなりました。

長女 B さん，次女 C さん，三女 D さんは以前より連絡をとらず疎遠な関係にあり，被相続人 A さんの相続申告の際も顧問税理士 P は主に長女 B さんとのやりとりを行っていました。被相続人 A さんからの生前贈与についての聞き取りも長女 B さんを介して聞き取りました。その際，被相続人 A さんから贈与を受けていたものとして以下のものが確認されました。

平成 16 年 5 月 10 日に次女 C さんがアパートの土地及び家屋（贈与時の価額 2,400 万円，相続時の価額 2,700 万円）を被相続人 A さんから贈与を受けている事実を長女 B さんから聞きました。その際，顧問税理士 P は 6 年前に贈与を受けたということで詳細な確認を行わず，相続税の計算上にも考慮せず，申告期限までに申告を行いました。

その後，所轄税務署の資産課税部門より税務調査に伺いたいとの連絡を受け，生前贈与を受けた内容を中心に調査を受けることとなりました。

A

1 税務調査官の狙い

今回の税務調査は，生前贈与のうち相続開始前 3 年以内の贈与についての確認だけでなく，それ以前の贈与についての確認を行っていたかどうか，また被相続人 A さんからの贈与について相続時精算課税の適用を受けているかの確認を行っているかが調査官の狙い目です。

2 税務調査の具体的方法

❶ 暦年課税贈与と相続時精算課税贈与

　贈与税の課税方法には，「暦年課税」と「相続時精算課税」の2つがあり，受贈者は贈与者ごとにそれぞれの課税方法を選択することができます。

■暦年課税贈与

　暦年課税贈与とは，1年間（1月1日～12月31日）に贈与を受けた財産の価額の合計額から基礎控除額（110万円）を差し引いた残額に一定の税率（10％から50％の超過累進税率）を乗じて贈与税額を計算する贈与です。

　そのため，その年に贈与された財産の価額の合計額が110万円以下であれば課税されません。

　なお，贈与者が亡くなったときは，贈与者の相続開始以前3年以内に暦年贈与を受けた財産を相続財産に加算して相続税の計算を行います。

■相続時精算課税贈与

　相続時精算課税贈与とは，相続時精算課税を選択した贈与者ごとに，1年間（1月1日～12月31日）に贈与を受けた財産の価額の合計額から特別控除額2,500万円（前年以前に控除した場合は控除した残額）を差し引いた残額に20％の税率を乗じて贈与税額を計算する贈与です。

　相続時精算課税を選択しようとする受贈者は，次の要件に該当する場合に相続時精算課税選択届出書を贈与税の申告期限までに提出する必要があります。

　なお，一度この相続時精算課税を選択すると，その後，同じ贈与者からの贈与について「暦年課税贈与」へ変更することはできません。

　対象者等は，以下のとおりです。

① 贈与者が65歳以上である親
② 受贈者が20歳以上の贈与者の推定相続人である子（子が亡くなっているときは20歳以上の孫）
（注）年齢は贈与の年の1月1日現在のもの

　また，贈与者が亡くなったときは，精算課税贈与を受けた財産を相続財産に加算して相続税の計算を行います。

〈相続時精算課税と暦年課税の相違点〉

	相続時精算課税	暦年課税
贈与者	1月1日において65歳以上の親	特になし
受贈者	1月1日において20歳以上の子（代襲相続人，養子含む）	特になし
税率	一律20％	10％から50％の超過累進税率
控除額	特別控除額2,500万円（前年以前に控除した場合は控除した残額）	基礎控除額110万円（毎年控除可）
申告	特別控除額以下の場合でも申告必要	基礎控除額以下の場合は申告不要
届出	初めて贈与した年の翌年3月15日までに提出	提出不要
相続時の取扱い	すべての贈与について相続財産に加算	相続開始前3年以内の贈与のみ加算

　平成25年度税制改正では，相続時精算課税制度について，贈与者の年齢要件を65歳以上から60歳以上に引き下げ，受贈者に孫を加える拡充措置がされました。

❷　本事例の場合

　本事例では，次女Ｃさんが受けた平成16年5月10日の贈与について相続時精算課税の適用を受ける贈与であったため，相続開始前6年前の贈与であってもその贈与財産の贈与時の価額（2,400万円）を相続税の課税価格に加算する必要があります。

　顧問税理士Ｐは，この贈与が暦年贈与であるものとして相続税の計算の際，相続開始前3年以内の贈与でないため相続財産に加算していなかったことになります。

　なお，今回の贈与は特別控除額2,500万円以下の贈与であったため贈与税が

発生していませんが、贈与税が課税されている場合は被相続人Aさんに係る相続税からその贈与税相当額を控除することになります。

③ 税務調査に備えて事前に準備する事項
❶ 被相続人が生前に贈与した財産を確認する

暦年贈与については相続開始前3年以内、相続時精算課税贈与については全ての贈与財産について被相続人から贈与を受けたかどうかを相続人などから確認を受ける必要があります。

なお、相続時精算課税贈与については相続や遺贈により財産を取得していない場合でも相続財産として相続税の課税を受けることとなるので注意が必要です。

また、相続時精算課税贈与は2,500万円まで贈与時点では贈与税が課税されないため、土地や建物などの不動産が贈与財産となる場合があります。そのため、事前に不動産登記事項に贈与の事実があった場合はその贈与が相続時精算課税贈与である可能性が高いと考えられます。

❷ 相続時精算課税贈与があったかの確認

相続時精算課税制度は平成15年1月1日から施行された制度です。そのため、当初から相続時精算課税の適用を受けていた場合、相続人自身が書類などを紛失してしまったり、贈与の内容を詳細に確認せず申告を行っていたり、その贈与が相続時精算課税贈与であったかどうかの確認を受けることが困難となる場合もあります。また、本事例のように相続人間の関係が疎遠となっており、正確な聞き取りが困難となる場合も考えられます。

このような場合、税務署に対して「贈与税の申告内容の開示請求」や「申告書等の閲覧申請」によって被相続人からの贈与があったかどうか、その贈与が相続時精算課税贈与であったかどうかの確認を行うことが必要となります。

■相続時精算課税に係る贈与税の申告内容の開示（相法49①）

相続税の申告や更正の請求をしようとする者は、他の相続人等が被相続人か

ら受けた相続開始前3年以内の贈与又は相続時精算課税制度適用分の贈与に係る贈与税の課税価格の合計額について，その相続に係る被相続人の死亡時の住所地の所轄税務署長に対して開示の請求することができます。

　この請求をしようとする者は，開示請求書に開示請求者及び開示対象者に係る戸籍謄（抄）本，分割している場合は遺産分割協議書などを添付し，被相続人が死亡した年の3月16日以後に請求する必要があります。

　なお，この申告内容の開示について注意すべき点は，あくまで開示されるのは，「贈与税の課税価格の合計額」となりますので，生前贈与財産の詳細な内容まで確認を行うことはできません。

■申告書等の閲覧について

　納税者本人又はその代理人（配偶者及び4親等以内の親族，税理士，弁護士など）は，過去に提出した申告書等の内容を確認する必要があると認められる場合に限り，税務署に提出されている申告書等を閲覧することができます。

　なお，代理人が申請する場合は，納税者本人からの委任状（実印を捺印），印鑑登録証明書，本人確認ができるもの（税理士の場合は税理士証票）が必要となります。

❸　相続時精算課税を選択する場合の注意点

　相続時精算課税制度は前述のように一度選択すると暦年課税に戻ることができません。また，相続開始の何年前であっても相続財産に加算されることとなるので選択年以降の贈与を把握する必要があります。

　そのため，相続時精算課税贈与による贈与税申告を行った場合には，納税者に対して，相続時精算課税制度の内容を正確に把握してもらい，贈与者の死亡まで贈与税申告書等の書類を保存することを意識してもらう必要があります。

3　贈与税の配偶者控除

Q42　贈与税の配偶者控除の適用

　私は夫から，結婚20年を記念して，居住用不動産を贈与してもらうことになりました。店舗付住宅（210m²のうち，居住用部分60％）の敷地300m²の2分の1の予定です。
　この敷地の評価は4,000万円です。
　同一の敷地内で，店舗と住宅が，別棟の場合（居住面積割合は同じ）も，同様に考えてよいでしょうか。
　また，居住用家屋の増改築を予定しています。増改築の費用を夫と折半にしようと考えています。
　贈与税の税務調査はないと聞きますが，問い合わせがあれば，どういう点に気をつければいいか教えてください。

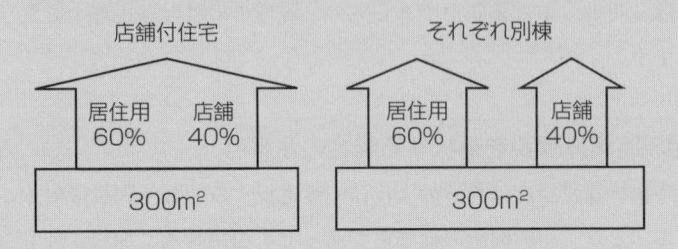

```
      店舗付住宅              それぞれ別棟
   ┌──────┬──────┐      ┌──────┐ ┌──────┐
   │居住用│ 店舗 │      │居住用│ │ 店舗 │
   │ 60%  │ 40%  │      │ 60%  │ │ 40%  │
   ├──────┴──────┤      ├──────┴─┴──────┤
   │   300m²     │      │    300m²      │
   └─────────────┘      └───────────────┘
```

A

1　税務調査官の狙い

　贈与税の配偶者控除の適用で，臨宅の税務調査はないと思われます。調査に代えて「お尋ね」か「呼び出し」になるでしょう。
　贈与税の配偶者控除については，適用要件が調査のポイントとなると思われます。

制度の内容は，以下のとおりです。
① 婚姻期間が20年以上である配偶者から，専ら居住の用に供する居住用不動産（居住用の土地・土地の上の権利・家屋）で国内にあるもの又は金銭をもって居住用不動産を取得した者（その年以前に，この特例の適用を受けた者を除く）
② 翌年3月15日までに居住の用に供し，かつ，引き続き居住の用に供する見込みである場合
③ 贈与税の配偶者控除の適用を受ける旨を記載し，戸籍謄本又は抄本及び戸籍の附票，不動産の登記事項証明書，住民票の写しを添付して贈与税申告書を提出する必要がある。

2 税務調査についての対応

❶ 店舗付住宅の場合

店舗付住宅については，受贈資産のうち，居住用不動産の範囲内が贈与税の配偶者控除の適用となります。

受贈財産の価額　　$4,000 \text{万円} \times \frac{1}{2} = 2,000 \text{万円}$

居住用不動産の範囲　$4,000 \text{万円} \times 60\% = 2,400 \text{万円}$

上記のうち，いずれか少ない方　2,000万円

❷ 店舗と住宅が別棟である場合

一の敷地に用途の異なる家屋が建っている場合に，その敷地の一部を持分贈与したときには，その敷地のうち，それぞれの用途に供されている部分の贈与があったことになり，その贈与があったとされる部分のうち居住用部分が配偶者控除の対象となります。

したがって，それぞれの敷地部分を，その利用状況に応じて分筆した上で，

居住の用に供する敷地となる部分については贈与税の配偶者控除の適用範囲となります。店舗用部分の敷地については贈与税の配偶者控除の適用はありません。

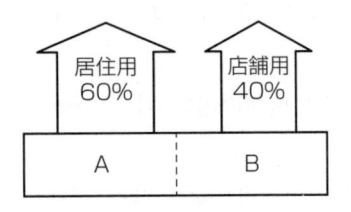

```
       居住用    店舗用
       60%      40%
    ┌────────┬────────┐
    │   A    │   B    │
    └────────┴────────┘
```

居住用（A）　4,000万円×60％×$\frac{1}{2}$＝1,200万円　配偶者控除の対象

店舗用（B）　4,000万円×40％×$\frac{1}{2}$＝800万円　配偶者控除の対象外

❸ 増改築の費用負担

　家屋の増改築が自己以外の人の支出によって行われた場合には，その増改築した部分は，旧家屋の所有者のものとなるため，旧家屋の所有者が増改築費用に相当する経済的利益を受けたものとして，贈与税が課税されます。

4 総合課税・分離課税の譲渡所得と相続財産

Q43 小規模宅地の特例と自宅の売却,買い換えた土地を譲渡する場合

　BさんはまたCさんと2人で喫茶店の経営をしていました。自宅は店舗とは別になっています。2年前に妻Cさんは介護が必要となり有料老人ホームに入所しましたが，住民票は自宅のままにしています。その後，Bさんは1人で暮らし喫茶店の経営を続けていました。

　このたびBさんが死亡し，相続が発生しました。相続人はBさんの妻Cさんと息子のDさんの2人です。相続財産である土地は，Bさんの自宅の敷地と喫茶店の店舗の敷地です。分割協議の結果，自宅の敷地及び家屋は妻Cさん，店舗の敷地及び家屋はDさんがそれぞれ相続をしました。相続税の申告では，自宅の敷地について小規模宅地等の特例の適用を受けました。

　その後すぐ，妻Cさんも息子のDさんも相続した土地を売却することになりました。

　妻Cさんの売却する土地は自宅の敷地ですが，譲渡の申告の際に居住用財産を譲渡した場合の3,000万円の特別控除が使えるのかどうか教えてください。自宅の引き渡しまで，有料老人ホームでずっと暮らしていました。

　また，息子のDさんの相続した店舗の敷地は昭和60年にBさんが購入したものでした。当時，購入のための借入金はなかったと聞いています。また，全部事項証明書にも抵当権等の設定の事実はありませんでした。何か気をつけるべき点がありますでしょうか？

A

1 注意すべきポイント

❶ 小規模宅地の相続税の課税価額の計算の特例や居住用財産の譲渡所得の特例

小規模宅地の相続税の課税価額の計算の特例において，配偶者には居住継続要件がありませんが，居住用財産の譲渡所得の特例では居住要件が必要です。

❷ 取得費の範囲

取得費とは，資産の取得に要した金額と設備費及び改良費の額の合計額から減価償却費相当額を控除した金額となります（所法38①）。

相続・遺贈・贈与により取得した資産の取得費は，みなし譲渡課税が行われていない場合には，取得価額及び取得時期のいずれも相続人等が引き継ぎます。

❸ 買換えにより取得した資産の取得費

買換えの特例の適用を受けた場合には，買換取得資産の取得費は一定の計算方法によります。買換取得資産の取得価額ではありません。

相続資産の取得費が譲渡所得の特例の適用を受けている可能性のある場合は，「申告書等閲覧サービス」を利用して，過去に提出した申告書等の内容を確認する必要があります。

2 具体的取扱い

❶ 小規模宅地の相続税の課税価額の計算の特例や居住用財産の譲渡所得の特例

■小規模宅地の相続税の課税価額の計算の特例

被相続人の居住の用に供されていた宅地等が特定居住用宅地等に該当するには，居住継続要件や保有継続要件が必要な場合があります。

しかし，配偶者には，これらの要件はありません。このため，この事例のよ

うに相続開始時において被相続人と同居しておらず，相続税の申告期限に居住している必要もありません。また，この宅地等を相続税の申告期限までに保有している必要もありません。

相続税の申告において，特定居住用宅地等として小規模宅地の相続税の課税価額の計算の特例の適用を受けることができます。

平成25年度税制改正により，平成27年1月1日以後の相続に関して，特例の対象として選択する宅地等の全てが特定事業用宅地等及び特定居住用宅地等である場合には，それぞれの適用対象面積まで適用可能となります。なお，貸付事業用宅地等を選択する場合には，現行どおり調整を行うこととなります。

つまり，居住用で330m^2，貸付事業以外の事業用で400m^2，合わせて730m^2まで特例の対象とすることが可能となります。

■居住用財産の譲渡所得の特例

含み益がある居住用資産を譲渡する場合には，次の特例があります。

① 居住用財産を譲渡した場合の長期譲渡所得の課税の特例（措法31の3）
② 居住用財産の譲渡所得の特別控除（措法35）
③ 特定の居住用財産の買換えの場合の長期譲渡所得の課税の特例（措法36の2）

これらの規定に共通する要件に「居住の用に供している家屋」であることがあります。これに該当するかどうかは，その者及び配偶者等（社会通念に照らしその者と同居することが通常であると認められる配偶者その他の者をいう）の日常生活の状況，その家屋への入居目的，その家屋の構造及び設備の状況その他の事情を総合勘案して判定することとされています（措通31の3-2）。

（注） 特例の適用を受けるためのみの目的で入居したと認められる家屋その他一時的な目的で入居したと認められる家屋は，その居住の用に供している家屋には該当しません。

この事例においては，妻Cさんは，家屋を所有者として居住の用に供したことがないので，家屋は，妻Cさんの居住用財産ということはできません。したがって，自宅の譲渡については居住用財産の譲渡所得の特例を適用するこ

とはできません。

❷ 取得費の範囲

■相続（限定承認したものを除く）や贈与により取得した資産

　原則として，被相続人の取得時期や取得価額等を引き継ぎます（所法60①）。

　このため，被相続人の資産の取得に関する情報を収集する必要があります。購入の際の契約書や，過去の譲渡所得等の申告書も確認する必要があります。

■借地権等を消滅させた後，土地等を譲渡した場合の譲渡所得に係る取得費

　借地権等の対価を支払った場合，旧借地権等の消滅につき支払った対価の額が旧借地権等の取得費となります（所基通38-4の2）。

　全部事項証明書に賃借権の設定等がない場合には，配偶者等からの聞き取りが大切になります。

■底地を取得した後，土地を譲渡した場合等の譲渡所得に係る取得費

　底地の取得のために要した金額は，底地の取得費となります（所基通38-4の3）。

　借地権の取得のための支出の確認が必要となります。

■贈与等の際に支出した費用

　贈与，相続又は遺贈（以下「贈与等」という）により取得した資産を譲渡した場合において，その贈与等に係る受贈者等がその資産を取得するために通常必要と認められる費用を支出しているときには，その費用はその資産の取得費に算入することができます（所基通60-2）。

　具体的には，ゴルフ会員権に係る名義書換手数料，不動産に係る相続（贈与）登記費用及び不動産取得税，株式の名義書換料などが該当します。

　しかしながら，取得費として概算取得費（収入金額×5％相当額）の規定の適用を受ける場合にはこれらの費用を加算することはできません。

❸ 特定事業用資産の買換えにより取得した資産の取得費

■譲渡資産の譲渡価額＞買換取得資産の取得価額

$$\left(\begin{array}{l}譲渡資産の\\取得費\end{array}+\begin{array}{l}譲渡資産の\\譲渡費用\end{array}\right)\times\dfrac{買換取得資産\\の取得価額}{譲渡資産の譲渡価額}\times 80\%+\begin{array}{l}買換取得資産の\\取得価額\end{array}\times 20\%$$

■譲渡資産の譲渡価額＜買換取得資産の取得価額

$$\left(\begin{array}{l}譲渡資産の\\取得費\end{array}+\begin{array}{l}譲渡資産の\\譲渡費用\end{array}\right)\times 80\%+\begin{array}{l}買換取得資産の\\取得価額\end{array}-\left(\begin{array}{l}譲渡資産の\\譲渡価額\end{array}\times 80\%\right)$$

■譲渡資産の譲渡価額＝買換取得資産の取得価額

$$\left(\begin{array}{l}譲渡資産の\\取得費\end{array}+\begin{array}{l}譲渡資産の\\譲渡費用\end{array}\right)\times 80\%+\begin{array}{l}買換取得資産の\\取得価額\end{array}\times 20\%$$

■譲渡資産の取得価額が高額な場合

　資産取得の際に，特定事業用資産の買換特例等の提供を受けている可能性があります。

　また，特定事業用資産の買換特例制度の課税繰り延べ割合は現在は80％ですが，昭和62年10月1日前の譲渡については，課税繰り延べ割合は100％でした。課税繰り延べ割合は60％や90％の場合もありましたので特定事業用資産の買換特例適用時期を確定申告書で確認する必要があります。

❹ 相続資産の取得費が不明な場合

　すでに買換特例の適用を受けている譲渡資産について，過年度の申告書類等の閲覧の調査を怠り買換特例の適用が可能との教示を行い，委任者がこれにより資産を譲渡し，これによる譲渡資産の取得費計算に起因する損害賠償を認める判決が出ました。しかし，高裁では，過年度の申告書類等の閲覧の調査までは必要ないとの逆転判決を出しました（原審・京都地裁平成7年4月28日判決。控訴審・大阪高裁平成8年11月9日判決）。

　しかしこの判決にかかわらず，過去の申告内容が今回の譲渡等に影響を与える可能性がある場合には，申告書等閲覧サービスを利用することにより納税者

が不利とならないように過年度の申告書の閲覧をする必要もあります。

　申告書等閲覧サービスの実施について（事務運営指針）の目的において，

　「申告書等（法令の規定に基づき提出された申告書，申請書又は届出書等の行政文書で，税務署が保有しているものをいう。以下同じ）の閲覧は，国税庁の任務である「内国税の適正かつ公平な賦課及び徴収の実現，酒類業の健全な発達」（財務省設置法（平成11年法律第95号）第19条）に資すると認められる場合に，その範囲で行政サービス（以下，当該行政サービスを「申告書等閲覧サービス」という）として実施する。

　具体的には，納税者等（申告書等を提出した者をいう。なお，納税者が個人である場合は，死亡した個人の相続人を含み，法人（人格のない社団等を含む）である場合は，法人の代表者（代表清算人及び破産管財人を含む）をいう。以下同じ）が申告書等を作成するにあたり，過去に提出した申告書等の内容を確認する必要があると認められる場合を対象とする。」

　とあります（国税庁HP参照，http://www.nta.go.jp/shiraberu/zeiho-kaishaku/jimu-unei/sonota/050301/01.htm）。

5 代償分割の場合，相続税の修正申告があった場合

Q44 代償分割の場合，相続税の修正申告があった場合の取得費加算

被相続人甲さんの相続人は長男と長女の2人です。配偶者は以前に亡くなっています。相続財産は不動産が自宅の土地建物とその他の土地，残りは金融資産です。分割では不動産を全て長男が相続し，長女に対して代償金を払いました。相続税の申告は期限内に済ませています。

その後すぐに，長男は相続した自宅を売却しました。相続財産を譲渡した場合には取得費の特例があるそうですが，代償分割をした場合での注意すべきポイントを教えてください。

また，相続税の申告後に，その他の土地の評価に誤りがあったことが判明し，修正申告をしました。この場合，相続財産を譲渡した場合の取得費の特例の計算に影響があるのでしょうか。

【相続税の当初申告内容】

財産の種類等	長男	長女
自宅土地	6,000万円	
その他の土地	2,000万円	
建物等	2,000万円	
金融資産他	8,000万円	3,000万円
代償金	△4,000万円	4,000万円
債務・葬式費用	△1,000万円	
課税価格	13,000万円	7,000万円
相続税額	1,625万円	875万円

― 199 ―

【相続税の修正申告内容】

財産の種類等	長男	長女
自宅土地	6,000万円	
その他の土地（修正）	4,000万円	
建物等	2,000万円	
金融資産他	8,000万円	3,000万円
代償金	△4,000万円	4,000万円
債務・葬式費用	△1,000万円	
課税価格	15,000万円	7,000万円
相続税額	2,108万円	992万円

【申告の経緯】

x1年1月10日	相続開始
x1年10月31日	相続税申告書　提出
x2年3月20日	自宅を売却
x3年2月1日	相続税の修正申告書　提出

A

1 注意すべきポイント

　この特例は，相続により取得した土地，建物，株式などを，相続開始のあった日の翌日から相続税の申告期限の翌日以後3年を経過する日までに譲渡した場合には，相続税額のうち一定金額を譲渡資産の取得費に加算することができるというものです。譲渡所得のみに適用がある特例ですので，株式等の事業所得，雑所得に係る株式等の譲渡については，適用できません（措法39）。

　また，資産の譲渡の日の属する年分の所得税の確定申告書を提出した後に相続税の申告書の提出期限が到来し，その提出期限内に相続税の申告書の提出を行って相続税が確定した場合には，相続財産に係る譲渡所得の課税の特例の適用を受けたい旨を記した書類，相続財産の取得費に加算される相続税の計算明

細書その他一定の書類の提出があったときは，取得費加算の規定を適用することができます（措通39-15）。

なお，この場合には，所得税の額が減額更正されることになります。

相続税について更生，修正申告書の提出，異議申立てに係る決定，審査請求に係る裁決又は判決により，相続税額に異動が生じた場合には，異動後の相続税額を基礎として取得費に加算すべき金額の再計算を行うことになります（措通39-17）。

2 具体的取扱い

❶ 相続財産を譲渡した場合の取得費の特例

取得費加算の特例は，相続等による財産を取得した個人でその相続等につき相続税額があるものが，その相続の開始のあった日の翌日からその相続税の申告書の提出期限の翌日以後3年を経過する日までの間にその相続税額に係る課税価格の計算の基礎に算入された資産を譲渡した場合には，その譲渡した資産に係る譲渡所得の金額の計算上，その相続税額のうち一定の方法で計算した金額を加算した金額をもってその資産の取得費とする特例です。

■譲渡した資産が土地等である場合の加算額

$$\text{資産を譲渡した者の} \atop \text{確定相続税額} \times \frac{\text{資産を譲渡した者が相続又は遺贈により取得した土地等}_{(注)}\text{の相続税の課税価格の計算の基礎に算入された価額の合計額}}{\text{資産を譲渡した者の相続税の課税価格} + \text{その者の債務控除額}}$$

（注）土地等には，相続時精算課税の適用を受けて，相続財産に合算された贈与財産である土地等や，相続開始前3年以内に被相続人から贈与により取得した土地等が含まれ，相続開始時において棚卸資産又は準棚卸資産であった土地等や物納した土地等及び物納申請中の土地等は含まれません。

ただし，すでにこの特例を適用して取得費に加算された相続税額がある場合には，その金額を控除した額となります。

■譲渡した資産が土地等以外の資産である場合の加算額

$$\text{資産を譲渡した者の確定相続税額} \times \frac{\text{相続税の課税価格の計算の基礎に算入された譲渡資産の価額}}{\text{資産を譲渡した者の相続税の課税価格} + \text{その者の債務控除額}}$$

❷ 代償金の支払いがある場合の取得費加算額の計算（措通39-14）

■譲渡した資産が土地等である場合の加算額

$$\text{資産を譲渡した者の確定相続税額} \times \frac{\text{相続又は遺贈により取得したすべての土地等の相続税評価額 B} - \text{支払い代償金 C} \times \frac{B}{A+C}}{\text{資産を譲渡した者の相続税の課税価格} + \text{その者の債務控除額}}$$

■譲渡した資産が土地等以外の資産である場合の加算額

$$\text{資産を譲渡した者の確定相続税額} \times \frac{\text{譲渡資産の相続税評価額 D} - \text{支払い代償金 C} \times \frac{D}{A+C}}{\text{資産を譲渡した者の相続税の課税価格} + \text{その者の債務控除額}}$$

❸ 具体例

■譲渡した資産が土地等である場合の加算額

$$1,625\text{万円} \times \frac{8,000\text{万円} - 4,000\text{万円} \times \dfrac{8,000\text{万円}}{14,000\text{万円} + 4,000\text{万円}}}{14,000\text{万円}}$$

$= 722$ 万円

■譲渡した資産が土地等以外の資産である場合の加算額（建物）

$$1,625\text{万円} \times \frac{2,000\text{万円} - 4,000\text{万円} \times \dfrac{2,000\text{万円}}{14,000\text{万円} + 4,000\text{万円}}}{14,000\text{万円}}$$

= 180 万円

❹ 相続税の修正申告後

■譲渡した資産が土地等である場合の加算額

$$2{,}108\text{万円} \times \frac{10{,}000\text{万円} - 4{,}000\text{万円} \times \dfrac{10{,}000\text{万円}}{16{,}000\text{万円} + 4{,}000\text{万円}}}{16{,}000\text{万円}}$$

= 1,054 万円

■譲渡した資産が土地等以外の資産である場合の加算額（建物）

$$2{,}108\text{万円} \times \frac{2{,}000\text{万円} - 4{,}000\text{万円} \times \dfrac{2{,}000\text{万円}}{16{,}000\text{万円} + 4{,}000\text{万円}}}{16{,}000\text{万円}}$$

= 210 万円

❺ 所得税の更正

　相続税額に異動が生じた場合には，異動後の相続税額を基礎として取得費に加算すべき金額の再計算を行うことになり，その譲渡所得について修正申告書の提出がある場合を除き，税務署長は更正することとなります。

■譲渡した資産が土地等である場合の加算額の更正

　（減額）更正所得金額 332 万円（1,054 万円 − 722 万円）

■譲渡した資産が土地等以外の資産である場合の加算額（建物）の更正

　（減額）更正所得金額 30 万円（210 万円 − 180 万円）

Q45 相続財産である非上場株式をその発行非上場会社へ譲渡した場合

Aさんは、非上場会社X(株)の2代目社長で、X(株)株式を40,000株所有しています。

その内訳は、10,000株は第三者割当により1株当たり2,000円で取得しました。その後、父から相続により30,000株取得しました。父の取得価額は1株当たり500円でした。

このたび母が死亡し、20,000株を相続しました。母の取得価額は1株500円でした。相続税の課税対象となった評価額は、1株4,000円でした。

Aさんは相続税を3,000万円納付しました。相続税の課税価額は債務控除前で、2億円でした。

相続税の納税のため、Aさんは所有するX(株)株式のうち10,000株を時価4,500円でX(株)へ譲渡する予定です。X(株)の資本金等の額は、1株当たり800円です。

注意すべきポイントを教えてください。

A

1 注意すべきポイント

みなし配当課税の特例の適用を受けるためには株式を譲渡するまでに、その株式の発行法人へ「相続財産に係る非上場株式をその発行会社に譲渡した場合のみなし配当課税の特例に関する届出書」を提出することが必要です。

なお、取得費加算の適用においては、同一銘柄の株式ですでに有していた株式と相続により取得した株式等がある場合には、相続により取得した株式から譲渡したものとすることができます(措通39-20)。

ここで、譲渡所得の取得費の計算は銘柄ごとに総平均法に準ずる方法により計算します(所法48③、所令118)。

2 具体的取扱い

❶ みなし配当課税

法人の株主等がその法人に自己株式等を譲渡した場合には、法人から交付を受けた金銭等が、その株式に対応する資本金等の額（資本金及び資本積立金）を超えるときは、その超える部分の金額は、みなし配当として配当所得課税されます（所法25①五）。

なお、法人が金銭等を交付する際には、源泉徴収が必要となります。

総合課税による所得・住民税率（最高43.6％＝50％から配控除を差し引く。次頁の（注））で課税されるため税負担が過重となってしまいます。

❷ みなし配当課税の特例

非上場株式を相続等して相続税の納付がある相続人について、みなし配当課税の対象から除外し、金庫株を活用した円滑な事業承継を支援するために、相続株式を自社に売却した相続人株主についてみなし配当課税の特例措置が講じられています。

相続等による財産の取得をした個人でその相続等につき納付すべき相続税額があるものが、その相続の開始があった日の翌日からその相続税の申告書の提出期限の翌日以後3年を経過する日までの間にその相続税額に係る課税価格の計算の基礎に算入された非上場会社の発行した株式をその非上場会社に譲渡した場合において、その譲渡の対価としてその非上場会社から交付を受けた金銭の額がその非上場会社の資本金等の額のうちその交付の基因となった株式に対応する部分の金額を超えるときは、その超える部分の金額について、一定の手続きの下、みなし配当課税を行いません（措法9の7）。

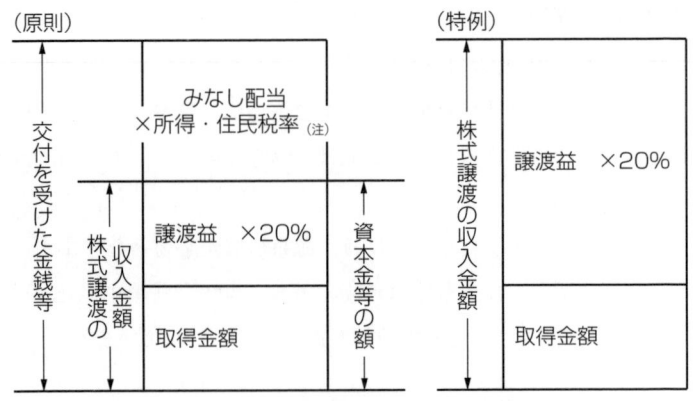

【相続人が相続で取得した非上場株式を自社に売却した場合の課税関係】

(原則)
- 交付を受けた金銭等
  - みなし配当 ×所得・住民税率 (注)
  - 株式譲渡の収入金額
    - 譲渡益 ×20%
    - 取得金額
  - 資本金等の額

(特例)
- 株式譲渡の収入金額
  - 譲渡益 ×20%
  - 取得金額

(注) 税率50%の場合にも配当控除があるため、最高43.6%
　　　(43.6％＝(40％－5％)＋(10％－1.4％))

　この規定の適用を受けようとする相続人は、非上場会社の発行した株式であって相続税額に係る課税価格の計算の基礎に算入されたもの(以下「課税価格算入株式」という)をその非上場会社に譲渡する時までに、「相続財産に係る非上場株式をその発行会社に譲渡した場合のみなし配当課税の特例に関する届出書(譲渡人用)」を、その非上場会社を経由してその非上場会社の納税地の所轄税務署長に提出しなければなりません(措令5の2②)。

　相続人から届出書の提出を受けた非上場会社は、課税価格算入株式を譲り受けた場合には、「相続財産に係る非上場株式をその発行会社に譲渡した場合のみなし配当課税の特例に関する届出書(発行会社用)」を、その譲り受けた日の属する年の翌年1月31日までに、譲渡人用の届出書とあわせて納税地の所轄税務署長に提出しなければなりません(措令5の2③)。

　「相続財産に係る非上場株式をその発行会社に譲渡した場合のみなし配当課税の特例に関する届出書(譲渡人用)」の提出を受けることにより、みなし配当としての源泉徴収をする必要がありません。

第5章 贈与税・譲渡所得に係る留意点

❸ 取得費加算の特例

■取得費加算の特例

　取得費加算の特例は，相続税の課税価格の計算の基礎に算入された資産を譲渡した場合に適用があるため，相続等（相続開始前3年以内に被相続人から贈与を受けた株式，贈与者（被相続人）から相続時精算課税を適用して取得した

株式を含みます）により取得した非上場会社の発行した株式の譲渡についてみなし配当課税の特例の適用がある場合には，取得費加算の特例についても同時に適用があることとなります。

■相続開始前に同一銘柄の株式を有している場合

相続税納付のための相続財産の譲渡に係る課税の負担軽減を目的とする特例であるため，譲渡所得の基因となる株式を相続等により取得した個人が，その株式と同一銘柄の株式を有している場合において，相続の開始のあった日の翌日から相続税の申告書の提出期限の翌日以後3年を経過する日までの間に，これらの株式の一部を譲渡したときには，その株式の譲渡は相続等により取得した株式から優先的に譲渡したものとしてみなし配当課税の特例の適用をすることとなります（措通39-20）。

❹ 取得費等の計算方法

同一銘柄の株式等を2回以上にわたって取得し，その株式等の一部を譲渡した場合の譲渡所得の取得費等の計算方法は，銘柄の異なるごとに区別して，総平均法に準ずる方法により計算します（所法48③，所令118）。

$$1株当たりの取得価額 = \frac{\begin{pmatrix}譲渡に係る株式を最初に取得した時（既に譲渡に係る株式を譲渡している場合には，直前の譲渡の時）の取得価額の総額\end{pmatrix} + \begin{pmatrix}譲渡に係る株式の譲渡の時までに取得した取得価額の総額\end{pmatrix}}{\begin{pmatrix}譲渡に係る株式を最初に取得した時（既に譲渡に係る株式を譲渡している場合には，直前の譲渡の時）の株式等の総数\end{pmatrix} + \begin{pmatrix}譲渡に係る株式の譲渡の時までに取得した取得価額の総数\end{pmatrix}}$$

❺ 具体的計算

① 取得費等の計算

$$\frac{2,000 円 \times 10,000 株 + 500 円 \times 30,000 株 + 500 円 \times 20,000 株}{10,000 株 + 30,000 株 + 20,000 株} = 750 円$$

② 取得費加算額の計算

$$30,000,000 円 \times \frac{4,000 円 \times 10,000 株}{200,000,000 円} = 6,000,000 円$$

③ 譲渡所得の計算

4,500 円 × 10,000 株 − 750 円 × 10,000 株 − 6,000,000 円 = 31,500,000 円

第6章

更正や更正の請求及び修正申告

1　更正の請求と更正の違い

Q46　更正の請求と更正との違い

私と姉は，今から4年前の平成20年父の死亡による相続税の申告期限までに遺産分割協議が決まらなかったため，相続税法の定めにより，法定相続分に基づき均等割合で財産を取得したとして相続税の申告書を提出しました。
今度，遺産分割協議が調い，その結果私が取得する財産が大きく減少し，姉が取得する財産の価額は大幅に増えました。
この場合，私は相続税の減額をして税金を戻してもらえますか？　また，財産が増えた姉は，もし相続の申告をしないとどうなるのでしょうか？

A

納税者は，提出した相続税の申告書の税額が過大であると，更正の請求書（減額）を提出して，還付を受けることができます（通則法23）。また税務署長は，納税者の提出した相続税の申告書の課税標準や税額の計算が国税の法律に従っていない時はその額を更正して増額又は減額します（通則法24）。

❶　更正の請求と更正

あなたは更正の請求をすれば，税金が戻ってくると思われます。
相続税にかかわる過大な申告については，救済手続として，更正の請求があります。更正の請求があった場合，税務署長はその内容を調査し，その結果に基づき更正し，あるいは更正すべき理由がない旨をその請求者に通知します（通則法23④⑤）。この更正については，国税通則法に規定する一般の更正の請求と相続税法に規定する特別な更正の請求があります。

また，あなたの更正の請求書が提出されると，税務署長は調査したところによりお姉さんの修正申告書の提出がない場合，当初提出した申告書（期限内申告）に記載された課税価格や税額を更正して，納税者に書面で通知することになっています（通則法24, 28）。これが職権による更正です。

また，この設問にはあてはまりませんが，相続税の申告義務のあるものが，その相続税の申告書を期限内（相続税の場合はその事実を知った日から10ヶ月）に提出しなかった場合には，税務署長はその調査したところにより課税価格や税額を決定し書面によって通知することになっています（通則法25, 28）。これが決定といわれるもので，原則無申告加算税が課されます。

❷ 一般の更正の請求

国税通則法では，次に掲げる点について相続税の申告書を提出した者が，税務署長に更正の請求をすることができます（通則法23）。

① 申告書に記載した課税価格又は税額に誤りがあったことにより申告による納付すべき税額が過大である場合は，法定申告期限から5年以内に「更正の請求書」を所轄の税務署に提出した者（通則法23①）

※ 国税通則法改正により従前は1年の更正期限であったものが，5年に改正されました。ただし平成23年12月2日以後法定申告期限が到来する国税（相続税等）に適用されます。

② 申告等の課税価格等の計算の基礎となった事実に関して訴えがあり，その判決により，計算の基礎と異なることになった場合にその確定した日から2ヶ月以内（通則法23②）

③ 申告等をした者に帰属するとされていた課税財産が他の者に帰属するとした国税についての更正や決定がなされた場合にその更正や決定があった日から2ヶ月以内（通則法23②）

④ その他②や③に類する法定申告期限後に生じたやむを得ない理由があるときは生じた日の翌日から2ヶ月以内

②，③，④については平成23年度改正では期限の改正はありませんでした。

❸ 特別な更正の請求

相続税法に基づく期限後申告，修正申告，更正の請求の特則により相続税の申告書を提出した（期限内申告，期限後申告，修正申告）後や税務署長から更正や決定の通知を受けた後に，次の事実により課税価格や税額が過大になった場合，更正の請求書を提出することができます（相法32）。

① 未分割遺産が共同相続人又は包括受遺者により分割されたこと
② 認知，相続人の廃除（相続人の資格はく奪）又はその取消しにかかわる裁判の確定，相続の回復，相続の放棄の取消しなどにより相続人に異動が生じたこと
③ 遺留分による減殺の請求に基づき返還すべき，又は弁償すべき額が確定したこと
④ 遺贈に関する遺言書が発見され，又は遺贈の放棄があったこと
⑤ 条件を付して物納が許可された場合その物納財産に一定の事実が生じたこと

この規定による更正の請求はその事実が生じた日の翌日より4ヶ月以内に限り認められます。この期限については平成23年度改正はありませんでした。

❹ 減額更正の請求

あなたのケースでは，相続税法の更正の特例により（上記❶）更正の請求ができます。また相続税の申告では，共同相続人がいる場合が多く，各人間の財産の増減があるため，更正の請求をする相続人が出てくれば，修正申告や，初めて申告をする期限後申告のケースも出てきます（相法30，31）。

お姉さんはあなたが更正の請求書を提出すると，結果的に修正申告書を提出しないと税務署長が更正をすることになります。なお，❸の相続税法の期限後申告や修正申告については特則により延滞税の計算期間に算入されません（相法51②）。なお，これについては次頁以降の事例で説明があります。

2　期限後申告と修正申告

Q47　期限後申告の特則

私は母の死亡によって、財産をもらえると思っていましたところ、生前に弟に贈与されており、相続する財産がないことがわかりましたが、相続税の申告期限はすでに過ぎています。それについて弟に対して、遺留分による減殺の請求をしましたところ、弟は認めてくれたので新たに遺産の分割が確定しました。

そこで、相続税の申告をする必要になってきましたが、期限を過ぎています。

この場合、申告はやはり期限後でもするべきでしょうか。また延滞税はかかるのでしょうか。

A

❶　期限後申告の是非

期限内に申告書を提出すべきであったが、その申告書を提出しなかった者及びこれらの者の相続人等（財産の包括承継者）は、提出期限後でも税務署長の決定があるまでは相続税の申告書を提出できます。

あなたは前問の❸③について、相続税法における期限後申告の特則（相法30①、32②）により申告すべき相続財産及び納付すべき相続税額がある場合、期限後申告をすることができます。

❷　賦課権の除斥期間

ところで税務署長が職権で行う更正や決定はいつまでもその権利が永続するのでしょうか。いつまでも税金の賦課権（更正、決定、賦課決定を行うことができる権利）を認めておくと、納税者が法的に安定せず、国税の執行も乱用さ

れることになるので，一定の期間制限が設けられており，除斥期間とも呼ばれています。

平成23年の国税通則改正で賦課権の除斥期間の改正があり次のようになっています。

① 期限内申告及び期限後申告の更正期間
　　法定申告期限の翌日から5年（改正前は3年）
② 期限後申告の提出が法定申告期限の3年経過前にあった場合の更正期間
　　法定申告期限から3年とその期限後申告書提出日から2年経過のいずれか遅い日（最長5年）
③ 期限後申告が法定申告期限から3年経過後にあった場合の更正期間
　　法定申告期限の翌日から5年
④ 無申告の決定又はその決定の後の更正の期間
　　法定申告期限の翌日から5年
⑤ 減額（税額を減らす）更正の期間
　　法定申告期限の翌日から5年
⑥ 偽りその他不正の行為があった場合の更正期間
　　法定申告期限の翌日から7年

　（注1）　平成23年12月1日以前に法定申告期限が到来する場合は❶は括弧内の3年となります。

　（注2）　贈与税についての更正・決算等の期間制限の特則（相法36）国税通則法の規定にかかわらず期限後申告・修正申告ともに申告書の提出期限から6年です。

❸ 延滞税の特例

あなたの場合，遺留分の減殺という相続税法第32条に規定する要因で期限後申告をするわけですから，延滞税の算定の基礎となる期間には算入されません。したがって申告書の提出の日までは延滞税はかかりません（相法51②）。

Q48 修正申告の特則

私の父が2年前に死亡し，相続人である兄，私，妹と遺産分割をしましたが，申告期限までに，分割が成立しませんでしたので，やむなく各人が法定相続分で均等に取得したものとして相続税の申告書を提出しました。

このたび，遺産分割協議が成立しましたが，妹が取得する財産の価値は大きく減少し，逆に私は取得する財産が大きく増加しました。

私は相続税額が当初申告より増加しますが，どのようにすればよいのでしょうか。

A

❶ 未分割から分割へ

相続税の申告期限には課税価格が確定していなければならないので，申告時期にまだ遺産が分割されていない場合は，民法の規定の相続分又は包括遺贈の割合に従って財産を取得したものとして，課税価格を計算し申告します（相法55）。

しかし，この相続税の申告は仮の計算であって，共同相続人はいつでもその協議により遺産の分割ができると定められています（民法907①）。

❷ 修正申告の特則

あなたは未分割の時より取得した財産が増加したので，税務署長が更正をするまでは，修正申告書を提出し，納税することができます。これは分割による財産の増加なので，相続税法第31条第1項及び第32条第1項の規定による任意事項となります。しかし前事例の反対で，妹さんが特則の減額更正を行うと税務署長は相続税法第35条第3項の規定により他の相続人の更正を行う権限が与えられるので，必ずしも任意とはいえません。

❸ 加算税と延滞税

　あなたは共同相続人のことを考慮すると，修正申告を提出すべきと思われますが，その際も相続税の特則がありますので，延滞税計算の算定期間から除外されますから，延滞税は課されません。

　また修正申告の増加税額に係る過少申告加算税も国税通則法第65条第4項の「正当な理由がある」として賦課されないと考えられます。

3 税務調査に対する権利の救済

Q49 相続税の更正の処分に不服がある場合

被相続人が死亡し,相続税の申告をしました。その後相続税の調査があり,税務署より一部申告漏れがあるとして,税務署長の更正処分を受けました。

しかし,納得できませんので,これについて異議申立てをしたいのですが,どのような救済手段がありますか?

A

税務署長あるいは国税局長のした相続税の更正又は決定について不服がある場合,異議申立て,審査請求,裁判所に処分取消しの訴訟をすることができます。

❶ 異議申立て

相続税について,税務署長や国税局長のした処分について,不服がある場合,その処分をした税務署長等に対し,以下に掲げる事項を記載した書面(通則法81)を,処分を知った日(処分にかかわる通知を受けた時は,その受けた日)の翌日から2ヶ月以内にする必要があります。

① 異議申立てにかかわる処分
② 異議申立てにかかわる処分を知った年月日(その処分にかかわる通知を受けた年月日)
③ 異議申立ての趣旨及び理由
④ 異議申立ての年月日

なお,税務署長のした処分で,その処分に関する調査が国税局,国税庁の職員によってなされた旨の記載がある場合,不服を申し立てる人は,直接国税局

長, 国税庁長官に対し異議申立てをすることができます。

この異議申立ては審理手続を経て, 不適法であるときは, 決定で却下します。あるいは再調査を行い異議申立てに理由がない（処分に間違いない）ときは決定で棄却します（通則法83）。逆に異議申立てに理由があるときは, やはり決定でその処分の全部又は一部を取り消します。

異議申立ての決定は文書で異議申立人に通知されます（通則法81）。

❷ 審査請求

異議申立てをした者が, 決定（異議決定）を経た処分に不服があるときは, 国税不服審判所長に審査請求をすることができます。

この場合異議決定書の謄本（写し）の送達があった日の翌日から起算して1ヶ月以内に, 下記の事項を記載した書面を提出しなければなりません（通則法87）。

① 審査請求にかかわる処分
② 審査請求にかかわる処分のあったことを知った年月日（異議決定書の送達を受けた年月日）
③ 審査請求の趣旨及び理由
④ 審査請求の年月日

審査請求があると, 国税不服審判所は, 担当審判官や参加審判官（2名以上指名）が, 納税者, 税務署等双方の主張を充分検討して, 審理が行われ, その是非について, 却下, 棄却, 取消しの裁決が行われ, 文書にて通知されます（通則法92, 98）。

❸ 訴訟

審査請求に対する裁決になお不服がある者あるいは国税不服審判所に審査請求をしたにもかかわらず3ヶ月を経過しても裁決がされないときは, 行政事件訴訟法, 国税通則法の規定により, 裁判所に処分の取消しを求める訴訟を起こすことができます（通則法114, 115, 行政事件訴訟法38, 14）。

4 加算税や延滞税などはどのように課税されるのか

Q50 加算税や延滞税などの附帯税

納期限までに相続税を納付しなかったときは，加算税や延滞税が課されるとのことですが，このような附帯税はどのように規定されていますか？

A

申告納税制度を採用するわが国において適正な納税申告の期限内提出を推進する意味で，適正な納税者との均衡を図るため，罰金的な意味で，加算税・延滞税が課されることになっています。

❶ 過少申告加算税

期限内申告で申告書を提出した後，その納税額が過少であったため，修正申告書の提出や更正等で追加（増加）税額が生じた場合に課税されます。

課される加算税額は増加額の10％と期限内申告税額と50万円のいずれか多い額を超える分の5％を加算することとなります（通則法65①②）。

ただし，税務調査があって更正処分があることを予知しない自主的修正申告はこの過少申告加算税は課されません（通則法65⑤）。

❷ 無申告加算税

納税申告書の提出がない者や期限後に申告書を提出した者で，納付すべき税額があった場合や決定をされた場合に適用されます（通則法66①）。

課される加算税額は増加税額の15％とその税額が50万円を超える部分の5％を加算することとなります。

ただし，期限後申告等で更正や決定を予知しないでされたものは5％となり

ます（通則法66⑤）。

❸ 重加算税

　国税の計算の基礎となる事実の全部又は一部を意図的に仮装，隠ぺいして，納税申告書を提出した者は，過少申告加算税や無申告加算税に替えて，より重い重加算税を課し，悪質な違反を防止しようという意図です。

　税率は隠ぺい又は仮装して申告したときは納付すべき税額の35％となり隠ぺい又は仮装して申告しないときは納付すべき税額の40％となります（通則法68①②）。

❹ 延滞税

　延滞税は国税が納期限までに完納されない場合，期限後及び修正申告により納付すべき税額がある場合，更正決定の処分により納付しなければならないときに法定納期限から完納までの期間を計算期間として，課税されます。

　一般的な延滞税の税率は年14.6％ですが，納期限から2ヶ月を経過する日までは原則年7.3％です。ただし平成12年1月1日以降は7.3％と「4％＋前年11月30日の日銀基準割引率（公定歩合）」のどちらか低い方となっています。ちなみに平成23年は年4.3％となっています。

　また，修正や更正があった場合延滞税の計算期間には特別の定めがあります。

　法定期限の翌日から1年を経過する日以後における期間で，修正申告の提出日や更正の通知の日までは延滞税の計算期間から除外されます。またその後修正申告の提出日から2ヶ月，更正，決定の通知日から3ヶ月は上記の軽減税率（7.3％と4％＋基準割引率の低い方）の適用となり，その後は14.6％となります（通則法60，61）。ただしこの除外は重加算税の適用がなされるときは，原則として免除されません。

　相続税の規定においては，延滞税を課すことが適当でない事由があり，条文にその規定が置かれています（相法51②）。

　例として，退職手当金等の支給が法定期限後にあったため，修正申告，期限

後申告，更正，決定がなされたこと，第7章-2の設問で見たような分割財産の確定や遺留分の減殺に基づく財産の確定，遺言書の発見など期限後に生じた申告や更正，決定等にかかわる場合も延滞税の計算期間には算入されません。

　延滞税は相続税本税には課されますが，加算税には課されません。

索 引

【あ】

異議申立て ······················· 17, 219
延滞税 ······················ 216, 218, 221
大口資産家管理台帳 ··············· 29

【か】

絵画 ·································· 76
海外財産 ···························· 33
海外資産 ····················· 159, 169
海外未上場株式 ·················· 159
学資金 ····························· 129
加算税 ························ 218, 221
貸家建付地 ························ 128
貸金庫 ·························· 45, 61
貸地評価 ·························· 113
貸付金債権 ························· 90
株式の生前贈与 ··················· 169
株式の売買 ······················· 169
株式売買契約書 ··················· 111
株式保有特定会社 ············ 71, 77
関係会社債権債務 ················· 95
期限後申告 ······················· 215
教育資金の一括贈与 ········ 55, 181
強制調査 ························ 7, 15
居住用財産の譲渡所得の特例 ····· 195
金融資産 ············· 53, 69, 159, 169
KSKシステム ················ 23, 30
現況調査 ··························· 10
現金・預貯金 ························ 33
現物出資等受入資産 ··············· 63
更正 ································ 212
広大地 ····························· 151
国外財産調書制度 ············ 34, 164
国税局 ························ 6, 23, 38
国税犯則事件 ······················· 16

【さ】

債権放棄 ··························· 92
債務免除 ························· 183
差押 ································ 16
資産税システム ···················· 25
事実確認 ··························· 14
自社株 ························· 61, 82
自社株評価 ······················· 61
事前通知 ··························· 40
実際の地積 ······················ 123
実地調査 ················ 10, 22, 38
質問検査権 ····················· 7, 38
借地権 ···························· 83
修正申告 ····················· 199, 217
取得費 ························ 196, 199
取得費加算の特例 ··············· 207
純資産価額方式 ··················· 84
準備調査 ··························· 10
小規模宅地の特例 ······· 123, 135, 143, 193
上場株式 ··························· 67
書画骨とう品 ······················· 78
所得税・消費税システム ········· 24
資料情報システム ················· 25
資料箋 ························ 26, 44
資料調査課 ······················· 38
申告漏れ財産 ························ 4
審査請求 ······················ 17, 219
親族名義の資産 ··················· 76
親族名義不動産 ·················· 129
生前贈与 ············ 54, 101, 107, 168
税務署 ························ 6, 23, 38

- 224 -

生命保険 ································· 135
増改築 ····························· 136, 192
捜査 ······································· 16
相続時精算課税 ················· 108, 185
相続の通知 ······························· 8
相続評価鑑定評価書 ················· 80
贈与契約書 ············· 55, 101, 111, 175
贈与の時効 ··························· 100
訴訟 ································· 18, 219

【た】

代償分割 ······························· 199
退職金 ································· 104
駐車場 ································· 122
弔慰金 ································· 104
調査システム ·························· 25
調査対象者の選定 ··················· 27
賃貸マンション ······················ 122
店舗付住宅 ··························· 191
特例居住用宅地等 ················· 144
土地の評価単位 ···················· 123

【な】

二世帯住宅 ··························· 122
任意調査 ···························· 7, 15
納税者情報管理システム ········· 24

【は】

配偶者控除 ··························· 190

売買 ···································· 107
反面調査 ···························· 10, 49
ヒアリング ··························· 12, 41
非違割合 ································ 22
美術品 ··································· 53
非上場株式 ······················· 68, 204
不審点 ·································· 47
不動産の鑑定評価 ················· 151
不表現資産 ················· 4, 14, 95, 97
不服申立制度 ·························· 17
法人税・消費税システム ·········· 25

【ま】

未収家賃 ······························· 113
みなし贈与 ··························· 110
みなし配当課税 ···················· 205
名義貸し預金 ··················· 53, 113
名義株 ·································· 82
名義預金 ······························· 97
持株会社株式 ····················· 67, 76

【ら】

臨検 ······································ 15
臨宅調査 ································ 44
類似業種比準価額方式 ············· 84
暦年課税 ······························· 186
暦年贈与 ······························· 182
老人ホーム ····················· 135, 146

＜著者紹介＞

本書の執筆範囲	監修執筆者名	略　　歴
監　修 第1章 第2章 第4章 Q24・Q28・Q32・Q38	笹谷俊道 （税理士）	・税理士法人中央総研　代表社員 ・富士電気化学（株），笹谷俊道税理士事務所を経て，2003年税理士法人中央総研設立，現在に至る。 ・著書：「事例で分かる税務調査の対応Q＆A」「まるごと税務調査対応ハンドブック」「給与・賞与・退職金の会社税務Q＆A」その他多数。
第4章 Q26	小島興一 （公認会計士・税理士）	・税理士法人中央総研　代表社員 ・ユニチカ（株），中央青山監査法人，公認会計士小島興一事務所を経て，1991年監査法人東海会計社設立，2003年税理士法人中央総研設立，現在に至る。 ・著書：「税金入門」「法人税申込書の見方・読み方」「FA相談事例集」「法人税法パーフェクトマスター」「決算書の見方・読み方」「給与・賞与・退職金の会社税務Q＆A」その他多数
第3章 第4章 Q30	蒔田知子 （税理士）	・税理士法人中央総研　代表社員 ・松下電工（株）公認会計士小島興一事務所勤務を経て現在に至る。 ・「税金入門」「税金のしくみが3時間でわかる事典」「成功する社長は決算と節税に強い」「給与・賞与・退職金の会社税務Q＆A」「これが定番受験相続税法の学び方」「よくわかる暮らしの税金」
第4章 Q27・Q31・Q34・Q39	吉田正道 （公認会計士・税理士）	・税理士法人中央総研　代表社員，監査法人東海会計社　代表社員 ・監査法人トーマツ，公認会計士吉田正道事務所を経て，2003年税理士法人中央総研設立，現在に至る。 ・著書：「給与・賞与・退職金の会社税務Q＆A」他
第4章 Q25・Q29・Q33・Q35，第5章	山川　晋 （税理士）	・税理士法人中央総研　代表社員 ・税理士山川晋事務所を経て，2003年税理士法人中央総研設立，現在に至る。 ・著者「事例で分かる税務調査の対応Q＆A」他
第6章	大崎福夫 （税理士）	・税理士法人中央総研　代表社員 ・積水ハウス（株），公認会計士吉田正道事務所を経て，2003年税理士法人中央総研設立，現在に至る。 ・著書：「給与・賞与・退職金の会社税務Q＆A」
第4章 Q36	杉原　誠 （税理士）	・税理士法人中央総研　名古屋本部スタッフ ・ネスレ日本（株）を経て，2005年税理士法人中央総研入社，現在に至る。 ・著書：「事例で分かる税務調査の対応Q＆A」
第4章 Q37	加藤伸哉 （税理士）	・税理士法人中央総研　名古屋本部スタッフ ・2007年税理士法人中央総研入社，現在に至る。

著者との契約により検印省略

平成25年4月20日　初　版　発　行

経営者・地主・給与所得者…
被相続人のタイプ別にわかる！
相続税の税務調査Q&A

著　　者	税理士法人　中央総研
発 行 者	大　坪　嘉　春
製 版 所	美研プリンティング株式会社
印 刷 所	税経印刷株式会社
製 本 所	牧製本印刷株式会社

発行所　東京都新宿区　　株式　税務経理協会
　　　　下落合2丁目5番13号　会社

郵便番号　161-0033　振替　00190-2-187408　電話　(03) 3953-3301（編集部）
　　　　　　　　　FAX (03) 3565-3391　　　　(03) 3953-3325（営業部）
URL　http://www.zeikei.co.jp
乱丁・落丁の場合はお取替えいたします。

Ⓒ　税理士法人　中央総研　2013　　　　　　　　　　　Printed in Japan

本書を無断で複写複製（コピー）することは，著作権法上の例外を除き，
禁じられています。本書をコピーされる場合は，事前に日本複製権セン
ター（JRRC）の許諾を受けてください。
JRRC〈http://www.jrrc.or.jp　eメール：info@jrrc.or.jp
電話：03-3401-2382〉

ISBN978－4－419－05950－7　C3034